與自然共生的證據

Das geheime Band zwischen Mensch und Natur

Erstaunliche Erkenntnisse über die 7 Sinne des Menschen, den Herzschlag der Bäume und die Frage, ob Pflanzen ein Bewusstsein haben

跟著渥雷本，找回人、動物與植物間
亙古不變的連結與需求

彼得・渥雷本 Peter Wohlleben 著
王榮輝 譯

目錄

Contents

不妨隨我到森林裡走一遭，
看看人類與自然的古老連結是否仍然完好。

前言

近幾年來，許多國家都逐漸浮現出一股對自然生活的復興：森林浴搖身一變，成為療法的一種，在日本還能以此開立診療單；與此同時，人們益發肆意砍伐森林，使氣候變遷更形加劇。置身於所有這些矛盾之中，實在難以找回自己在自然中的一席之地；即便沒有人會蓄意破壞環境，我們的日常生活卻深陷消費主義的牢籠無法自拔。

值此關頭，歸咎罪責與悲觀預言恐怕都無濟於事。一味把世界末日抬出來，恐嚇大家一旦越過此臨界點，氣候就再也無法恢復正常；這只會令人想到昔日的宗教裁判所，與目前亟需的正向動機背道而馳。

與其如此，不妨隨我到森林裡走一遭，看看人類與自然的古老連結是否仍然完好——確實依舊運作無礙！

畢竟，我們又不是仰賴現代科技才能存續的退化生物。在這場森林之旅中，你一定會驚訝於自己感官的機能有多協調！譬如說，我們對某些氣味的嗅覺比狗還靈，還能在樹木上撞見讓蜘蛛茸毛豎立的帶電現象。這片盎然綠意就是間庫存豐富的藥局，隨時為所有動物、包括我們人類敞開大門。除此之外，此種聯繫如同某種複合療法，讓我們的循環和免疫系統得以強化。

許多人不再能感受到這一切，這並不是因為感官萎縮了，它們依然完好如初、運作無礙，接下來我會舉出各種事例來證明。事實上，原因出在某個從哲學與自然科學衍生出的謬論，在我們與萬物之間橫亙出一道無謂的隔閡：這邊是人類，那頭是自然；這邊是理智在運作，那頭則是一個缺乏靈魂、被認定為和機械沒兩樣的複雜系統。

所幸，我們逐漸體認到自己仍是這個奇妙系統的一部分，和萬物依循同一套規則——唯有意識到這不單單關乎其他物種，更攸關我們自身，自然保育才能發揮作用。

能得見綠意盎然的森林，
在哺乳動物界中可謂是一大真正的「特異功能」。

1 森林為什麼是綠色的？

愈來愈多的自然愛好者不滿足於「看見」森林，而希望更深刻地「感受」森林，我當然也不例外。為此，人類常常十分羨慕動物那未曾受到扭曲的感官。但我們自己的感官究竟運作得如何？歷經幾個世紀的文明化之後，人類不再需要隨時隨地對自然保持警戒，那我們的能力究竟還剩下幾分呢？

若真要相信那些拿人類與動物神力比較的說法，那我們除了理智敏銳外一無是處。就感官來說，和其他所有物種相較，我們幾乎只有吊車尾的份，而且似乎人人都安於當個「進化的魯蛇」。那條聯繫人類與自然的連結已然斷裂，而且似乎難以修補，如今我們只能看著動物的種種能力垂涎不已。

然而，這種想法大錯特錯。人類絕對有能力與所處的環境保持同步！畢竟在不久的從前，我們的祖先還得在叢林裡披荊斬棘，對每個潛在的危險或獵物超前部署。而且打從那時起，人類的構造並沒有什麼改變，所以我們大可認定自己所有的感官依舊運作無礙，只要再補上些訓練課程就行了。

首先，聚焦於自己的雙眼，此處冒出第一個問題：樹木的色彩我們是如何得見？

多看綠樹不僅能放鬆心情，更有益健康，但人類眼中的樹木為什麼是綠色的呢？畢竟，多數的哺乳動物並不具備此種能力，對牠們來說，世界中的顏色其實非常有限；就算是極度聰明的海豚，也只能看到黑白兩色，因為牠們的視網膜中只有一種錐狀細胞（和所有鯨魚及海豹一樣）。錐狀細胞讓生物能辨識色彩，但若要能分辨兩種顏色，就需要至少兩種不同的錐狀細胞。耐人尋味的是，海豚與某些動物只有一種用於感受綠色的錐狀細胞。這足以讓海豚分辨不同的亮度，卻無法處理海水中充斥的藍光（比起其他的可見光，藍光特別能穿透至深海裡）。

相較於海豚，貓狗等四足動物，或者是狍鹿（*Capreolus capreolus*）、鹿或野豬等森林動物，明顯能看到更多顏色。除了可感受綠色、還具備可感受藍色的錐狀細胞，這已經讓牠們能建立出一個較簡略的色譜；只是黃綠紅的漸層全都合為一色，要想看到綠色，這還遠遠不夠——還需要像人類和其他許多種類的猿猴一樣，擁有能感受紅色的錐狀細胞。因此，在大多數的哺乳動物身上，綠色能安定心靈且有助療程的說法並不適用。

為什麼除了可感受綠色、還需要可感受紅色的錐狀細胞，才能看見綠色？原因在於光的波長。藍光屬於短波，綠和紅都屬於長波。無論照射過來的是黃綠紅哪種光，綠色錐狀細胞都只會受到「長波」色彩的刺激；至於藍色錐狀細胞，則完全波瀾不驚。若生物只具備藍色或綠色的錐狀細胞，其實只能分辨出「藍色」與「非藍色」；唯有增添可感受其他長波光範圍的錐狀細胞，森林才能「變成」綠色。謝天謝地，我們人類的視網膜上就有這種錐狀細胞！[1]它們可以感受紅光，因此我們才能準確說出，樹葉究竟是綠、是黃、還是紅。無怪乎電腦或電視螢幕上的ＬＥＤ小點是由微小的藍—綠—紅晶胞組成，藉此便可顯示所有的顏色。

能得見綠意盎然的森林，在哺乳動物界中可謂是一大真正的「特異功能」。不過，為何只有人類發展出這種能力？研究人員推測，這與綠色關係不大，主因反而是紅色——結在樹木或灌木叢枝葉間的成熟果實大都是紅色的。不過，紅色可不是單為我們綻放，許多鳥類更能一眼就認出綠葉中的紅果。針對此情況，植物亦有所因應：供哺乳動物食用的水果，橙紅中多透著一抹青綠，而作為鳥類營養來源的果實，則以鮮紅上色。[2]

如此看來，人類可以看見紅色，似乎是理所應當。那為什麼我們會覺得綠色美，還會特別去尋找綠意呢？你也在細細品味這個問題嗎？畢竟，我們的眼睛具備能感受綠色的錐狀細胞，所以我們慣常且刻意地會在森林裡尋找一抹綠，似乎很合乎邏輯。但實情卻並不一定如此，以藍色為例，我們的祖先可能根本就沒有注意到藍色，或根本認為藍色無足輕重。十九世紀的日耳曼語言學家拉薩路．蓋格（Lazarus Geiger）發現，許多古代的語言都沒有「藍色」這個詞彙。就連極富神祕色彩的希臘詩人荷馬，在詩文中也只用深如紅酒來形容大海的顏色；幾個世紀後的其他文獻，則將藍色定義為綠色的陰影。直到藍色染料開始研製與上市，才宣告了「藍色」一詞的誕生，從那時起，我們才將藍劃分為獨立的顏色，並且有意識地感知到藍色。

那麼，我們之所以「看見」某些顏色，是否只是基於某個文化因素？或者，換個方式來說：我們之所以能「看見」藍色，是否只是因為有個對應的詞彙？對此，倫敦大學金匠學院（Goldsmiths, University of London）的心理學教授朱爾斯・戴維多夫（Jules Davidoff）發表了一項令人印象深刻的實驗：他與研究團隊前去探訪納米比亞（Namibia）的辛巴族（Himba），在他們的語言中，沒有指稱藍色的詞彙。實驗首先是在納米比亞展開，他以螢幕向受試者展示一個由十二個方塊所圍成的圓圈，分別是十一個綠方塊和一個鮮藍色的方塊——辛巴族人選不出哪個方塊是藍色的。再來是以英語為母語的對照組，戴維多夫也向他們展示由十二個方塊構成的圓圈，不過這回方塊全是綠色；當中只有一個微微泛黃，但所有人、包括我都看不太出差異。順道一提，網路上也能找到這個測驗，網址可參閱註釋，大家都可以做做看。[3]說英語的受試者明顯找不出哪個方塊暗藏玄機，辛巴族卻可以——雖然他們缺乏指稱藍色的詞彙，卻有更多指稱綠色的詞彙，這便是關鍵所在。這讓他們就連極小的色差都能描述出來，而且在同一個實驗中，輕輕鬆鬆就能立刻指出哪個方塊有些微不同。[4]

歐語區也有跡象顯示，色覺與文化密切相關。例如，以俄語為母語的人能更快察覺出不同的藍色調，因為，相較於其他語言，俄語在淺藍與深藍之間有更明確的區分。以紐約心理學家強納森．溫納爾（Jonathan Winawer）帶領的研究團隊發現在同僚中，說俄語的比說英語的更擅於區分藍色的深淺。

可惜我只知道對藍色的研究。但對身為森林看守人的我來說，若能搞清楚綠色又是怎麼一回事，當然十分有意思。每當我從辦公室窗戶望向林務員之家的花園，無數種綠色便盡收眼底：老樺樹上苔蘚的藍灰綠、冬草的黃綠、高大花旗松（*Pseudotsuga menziesii*）枝椏上針葉的鮮豔藍綠色，以及年輕山毛櫸（*Fagus sylvatica*）樹皮上附著藻類的溫暖黃灰綠——這一切全都被我歸為綠色。

我當然注意到不同植物或物質間的差異，有些色調擁有像冷杉綠、檸檬綠或五月綠之類的稱呼。不過，日常生活中很少使用這些說法，大家多半只用淺綠或深綠來含糊帶過。

另一方面，諸多跡象顯示早在很久以前，我們的祖先就能有意識地感知綠色與紅色的所有深淺差異。如同我剛才所說，紅色讓人類得以識別出可食用的成熟果實，因此從綠到黃的所有差異肯定也至關重要——若無法辨識出黃澄澄的顏色，要如何意識到穀物已然成熟；若看不出綠油油代表蔬菜將由嫩轉衰，那些費力栽種的田園便只能任其枯萎，而水果的熟度同樣是以由綠（未熟）轉黃或紅來表現。就算把目光放到更古早之前，也能發現辨別顏色之必要：若動物在獵捕時受了傷，獵人要能從綠草中清楚看出紅色的血滴，才能循線追捕。

順道一提，這也是為什麼林務員的招募條件之一就是要擁有全彩視覺，因為必須能識別出血液——當年我的這份工作還自動伴隨充當獵人的角色。

我們今天已經知道，紅綠色盲源自遺傳，能看見綠色的能力也是。然而，如果基於文化差異，即便眼睛中具備能感受藍色的錐狀細胞，也無法立即識別出藍色，那麼我認為，識別綠色也並非那麼理所當然。

文化所形塑的感官知覺影響了人類多少，這點從文字來看最為明顯。就算我們理解這些由字母組成的詞彙所指涉的涵義，但同樣的涵義在日文字符的面貌很有可能截然不同——這些符號如何在腦海中形成圖像，實在令人萬分好奇。味覺的情況也很類似，每個文化對噁心或美味食物的定義都不一樣，我們德國人不用跑太遠，就能體驗這一點：鹽醃鯡魚（surströmming）是瑞典的美味佳餚，但那股氣味只會讓我想到新鮮的狗屎，當那可怕的罐頭一打開，絕大多數的觀光客應該都會一陣反胃。

即便有意識地看見綠色並非取決於文化，而是取決於遺傳，這也不一定就適用於綠色帶給人類的心理效應。綠這種顏色，尤其是在觀看樹木時，會影響我們的情緒，這已有充分的研究能證實，我之後會進一步說明。然而，這有沒有可能完全只取決於文化史的層面？要回答這個問題，或許需要一些比較研究；例如，比較研究鮮少看到綠色的因紐特人（Inuit），或是像住在撒哈拉沙漠，舉目所及多為棕色調的圖阿雷格人（Tuareg）。可惜目前我還未曾聽聞這類研究。

雖然色彩的主題十分耐人尋味，但所見事物的清晰度更形重要。在這當中，不單是遺傳，人類所身處的自然，也扮演了極為重要的角色。此外，就像我說過的，有時我們只是缺乏一些有助感官恢復良好狀態的訓練。

你是否想把眼鏡拋開，或者至少避免視力減退？若是如此，有東西能助你一臂之力——至少如果只是近視的話。過去我以為，視力本來就會愈來愈差，而且有朝一日人類將只由四眼田雞組成。畢竟，時至今日，沒有人需要大老遠就瞧見出現在地平線的獅子並及時逃脫。由於生活中缺乏這類危機，某種具有演化意義的篩選就停止了；此外，靠著適當的輔助，人類大多數的宥限都得以彌補。

那麼，大家都會淪為四眼田雞嗎？肯定不會，因為，科學研究告訴我們，眼睛只不過是對較短的觀看距離做出調適——這點得感謝書本與電腦。好在這種過程是可逆的，或者至少有辦法遏止。為此，我們要做的只有一件事：走向自然。一旦視線飄向遠方，眼睛就會鍛鍊成遠視；相反地，如果經常埋首書桌前，在微弱光線與閱讀距離過短的推波助瀾之下，近視肯定會愈來愈深，一些聚焦於東亞兒童的相關研究都顯示出這一點。由於社會現代化的速度變得飛快，台灣所發生的變化特別能加以證明：八、九成的高中畢業生須戴眼鏡，且有一、兩成是高度近視。研究人員最初所設想的原因是遺傳上的變化，最後則歸因於學業壓力的增加，以及隨之而來戶外活動的減少。換個白話點的說法：對好成績的追求把青少年變成宅男宅女，最後只好戴上眼鏡。[5]

我近視的時候也才十六歲，當時所配眼鏡的度數是兩百五十度，所以三公尺以外的世界就是一片模糊。幸好此情況沒有持續太久，有別於大多數同病相憐的四眼田雞，我的度數穩定減少，幾年後就降到一百度以下，從此可以把近視眼鏡拋開。

當時我就已經覺得，正是自己的工作造就了這種合乎邏輯的變化。我每天都泡在森林裡，評估有待疏伐的樹幹與樹冠，這一切都需要看遠。工作之餘，我也幾乎都在戶外消磨時間，修修牧場的圍欄或鋸鋸柴火。

可見近視並非演化上的適應，單純只是眼睛為了因應閱讀等所需的短距離，所做的調適與轉換。至少在年輕時，多親近大自然、盡量看高看遠，就能改善甚至預防近視。

另外有一種與視力完全無關的訓練。你可知道，狗比人類更能察覺到野生動物？有別於一般的臆測，原因往往並不在於狍鹿或野豬所散發的氣味，畢竟若是如此，風就得將牠們的氣味準確地吹向狗。並不是這樣，主因其實是這些四腳毛小孩從眼角餘光所觀察到的風吹草動。我們所養的明斯特蘭德犬馬克西，透過行駛中汽車的車窗，就能神乎其技地做到這一點。

在我的職業生涯中，我也在不知不覺中對自己做了這樣的訓練：野生動物基本上都有完美的偽裝，狍鹿與鹿的皮毛不會平白無故，就和林中土地一樣呈現褐色。不過，當牠們移動時，我在遠處就能用餘光瞥見牠們。在這點上，我並非一枝獨秀。因為大家的眼睛都有某個驚人的特性：視野邊緣的視力十分差勁，解像力低到我們什麼也看不清，誠如德國杜賓根（Tübingen）馬克斯・普朗克生物模控學研究所（Max-Planck-Institute für biologische Kybernetik）的勞拉・法德雷希特（Laura Fademrecht）及其研究團隊所發現的，就連簡單區別圓形、方形與測試物都辦不到。光憑這點沒什麼好大驚小怪，但當所涉及到的是感知人類時，視野邊緣的解像力卻會大為提高。研究人員讓木偶進入受試者的視野，並讓木偶做出揮手等不同動作：受試者不僅能看出簡略的人形，還能根據木偶的動作立即評斷出其是友善的，還是具備攻擊性。從演化的角度來看，這個優勢十分重要，因為可以立即替接近中的人進行分類。因此，眼角餘光對在自然裡的野外定向至關重要。[6]

不妨在據說距離自然最遠的地方測試這項重要的能力，也就是在城市裡。畢竟，光是熙來攘往的人群就足以讓眼角餘光大飽眼福。

雖說更深入的科學觀察或許能再揭露諸多奇妙，不過人眼還是很行的這件事，其實沒什麼好訝異的。然而，我們的耳朵呢？相較於動物界的其他代表，就算沒有到退化，人類的聽覺能力照例被認為十分差勁。但實情真是如此嗎？

如果改將潛意識針對自然的聲響來調整，
那在聽覺上就能輕鬆跟上我們的動物朋友們。

2 自然中的聽覺訓練

你可曾聽過戴菊鳥（*Regulus regulus*）的歌聲？這種鳥是歐洲最小的鳥類，只有不到六公克重，但歌聲十分高亢，所以非常適合用來測試聽力。輕柔的「嘻嘻嘻」聽起來宛若高頻的耳鳴，因為體內的運作過程，在許多人身上有時會持續幾秒鐘之久。隨著年齡增長，人們也會喪失對較高頻率的感受力；於是鳥類的世界對我們來說逐漸變得靜默無聲。

那麼，我們的聽覺普遍都萎縮了嗎？單看一些人類與動物能力的比較，或許就會萌生這種印象。例如某些網站竟然宣稱，對較高的頻率，狗的聽覺比我們的好上一億倍。[7]這顯然是過分渲染，顯得我們的耳朵一無是處。

事實上，人類可聽到二十至兩萬赫茲的聲波，狗則能聽到十五到五萬赫茲。可見我們的聽力沒那麼差勁，不過是聽不到兩萬赫茲以上的聲音而已，這個頻率範圍對狗兒的世界而言，可說是布滿噪音。若有什麼因素是該被拿出來品頭論足的，就只有討論音量才有意義，但狗也只是因為耳廓較大，才會比我們厲害。不妨將雙掌凹成弧形罩在耳後，馬上就能感受到差異——這麼做很有幫助，且也有益於在林間散步；因為，如此一來，即使距離很遠，也能聽到靜謐小鳥或狍鹿小心翼翼穿過樹枝的沙沙聲響。

耳廓還存在另一種迷思：狗和許多哺乳動物的聽力比我們好，是因為牠們可以將耳朵對準音源的方向。單就耳廓而言，這個說法當然沒有問題；畢竟，估計只有一成至兩成的人能做出這種動作。[8]不過，這種動作並不完全，無法讓耳朵整個向前折。最新的研究顯示，過去我們可能過度關注外在了，因為不論你我都能視需要調整耳朵，只是此過程是在體內進行。這就需要用到雙眼，誠如美國北卡羅來納州杜克大學（Duke University）的神經學家寇蒂斯・格魯特斯（Kurtis G. Gruters）所指出的。他安排十六位受試者坐在完全漆黑一片的房間裡，這樣就能讓他們專注於讓眼睛隨著彩色LED燈移動，出乎意料的是，首先移動的不是眼睛，而是對準光點的耳膜；而且在眼睛跟上耳膜之前，僅有十毫秒的時間間隔。[9]所以我們也可以說，眼睛與耳朵幾乎是同步地對準某個感知對象。此時重要的並非時間差，而是人類的聽覺器官居然能進行瞄準；在此之前，完全未曾發現存在此種瞄準，更令人訝異的是，耳朵並非對準聲源，而是對準眼睛想聚焦的對象。

寇蒂斯的研究清楚顯示，就人體能力而言，可學習的東西其實還有很多，更重要的是，就連自認不會活動的差勁耳朵，它們的能力也總是讓人驚喜連連。

如同眼睛，耳朵也可以自行訓練；就像我前面提過的，這兩種感官密不可分。為此，我們要做的就只是：仔細聆聽自然，並保持聽覺的警醒度。舉例來說，我很喜歡黑啄木鳥（*Dryocopus martius*）的叫聲，也許是了解這種鳥需要既古老又厚實的歐洲山毛櫸來建造巢穴，但由於缺少合適的樹木，牠們逐漸稀少；又或許是因為牠們令人印象深刻的大塊頭，還有漂亮的鮮紅色羽冠。無論如何，每回聽到黑啄木鳥快樂的「克閻克閻克閻」聲，我都會特別開心。聽到渡鴉（*Corvus corax*）的「克羅克克羅克」聲也令人欣喜不已，因為牠們曾被認為早在二十世紀末之前就在德國埃佛山區（Eifel）絕跡，抑或是絕不會被搞錯的灰鶴（*Grus grus*）叫聲，聽到牠們的聲音，就知道牠們將再次於春秋兩季千百回地飛越我們的林務員之家。

即便對其他人而言，鳥叫聲多半只會淹沒在周遭的聲音中，但這可說是我最愛的聲音，因此我依然能聽到牠們的鳴叫聲。舉例來說，儘管有三層厚的玻璃窗、有隔音牆、有晚間開著的電視，我還是能感受到灰鶴的叫聲。只要一聽到，我會迅速從沙發上跳起來，走到前門，享受外面的全音量。

以聽覺更清晰地感受自然，這對任何人應該都不成問題。不妨想一想自己在日常生活中，會聽到的各種聲響，像是手機鈴聲或WhatsApp訊息的通知聲。無論身處車站或火車上，每當某處響起這樣的聲音，無論它有多麼地輕柔，總能在同行旅客身上觀察到本能的抽搐，這令我感到十分有意思。由於大多數人（包括我自己在內）都沒有把這些通知聲改成個人化的鈴聲，因此同一品牌所有手機的通知聲都一模一樣。

如果改將潛意識針對自然的聲響來調整，那在聽覺上就能輕鬆跟上我們的動物朋友們。

鼻子並不一定要有助追蹤獵物，
能否帶我們找到枝頭上的美味果實或覓得良伴，
對人類來說更為要緊。

3 腸道是延伸的鼻子

在大自然中，人類的鼻子似乎很少派上用場。至少在一些森林導覽中，都讓我有留下這樣的印象。每當詢問學員山毛櫸或橡樹下的氣味如何，他們都得先用鼻子做個深呼吸。在此之前，大多數人都只用眼睛觀察，唯有刻意用鼻孔吸氣後，才有辦法描述出森林的氣味。

跟耳朵的狀況類似，跟動物、尤其跟狗比起來，人類的嗅覺器官可說是差了一大截。狗同樣被認為具備不可思議的嗅覺——據說牠們的嗅覺潛能比人類好上一百萬倍。[10]此外，據說狗的大腦有百分之十是在負責嗅覺，至於我們的大腦，則只有百分之一。[11]在此我得提醒一下：人類的大腦比狗的大腦大了十倍，所以用百分比計算會產生誤導，因為以絕對的意義上來說，人和狗可用於嗅覺的大腦容量其實是一樣的。

有鑑於大家對此說法的樂此不疲，那就無怪乎為何許多人會把鼻子歸為「配角」。但一如既往的，實情恐怕不是我們所想的那樣。狗的嗅覺明顯比人類好得多，這點當然沒有錯，但關鍵在於其所涉及的究竟是什麼氣味？瑞典林雪平大學（Linköping University）的動物學教授馬提亞斯・拉斯卡（Matthias Laska），曾對此進行研究：他用十五種不同的氣味測試狗能嗅出的閾值，並同樣對人類受試者測試這些閾值。結果顯示：至少在其中的五種氣味上，我們的嗅覺表現優於四足毛小孩。細究之下，這其實並不奇怪，因為這五種氣味都是來自植物界，譬如說水果。[12]狗天生就對植物興趣缺缺，牠們需要嗅察的是攸關自身存活的東西，蘋果、香蕉或芒果當然不在此列，狍鹿、鹿或野豬才是關鍵所在。

我要說的並不是人類妄自菲薄：總體而言，狗鼻子確實比較靈敏，因為，相較於人類的世界，嗅覺在狗兒的世界裡更形重要。況且，光是由於直立行走的緣故，人類的嗅覺就處於劣勢；畢竟，對我們而言，鼻子貼地進行追蹤這種事，可說完全不切實際。所幸我們也無須這麼做。事實上，鼻子並不一定要有助於追蹤獵物，能否帶我們找到枝頭上的美味果實或覓得良伴，對人類來說更為要緊。當異性的香氣流過我們的三千萬個嗅覺細胞時，有時就會促成「來電」。例如，睪固酮濃度特別高的男性所散發出的香氣，就會在女性身上觸發這種「來電」感。而為我們吸引潛在伴侶的，也有可能是自己DNA上某種顯性的基因變異，但令人訝異的是，一瓶宜人的香水也有一樣的效果！所以，不僅對他人的意識，就連對他人的潛意識，我們都能粉飾自己的體味，讓自己聞起來更具吸引力。[13]

在哺乳動物界中，靠嗅覺擇偶也很普遍，而香水又再次登場。山羊善於利用這一點，早已不是新聞，每逢繁殖季，我們的公羊維托就會噴灑自有品牌的「香水」，也就是牠自己的尿液，藉此改變身上的氣味。經過了幾天特別集中於前腿和嘴巴上的「香水浴」，遠在百米外就能聞到這個臭傢伙——母山羊覺得魅力十足，我們倒是不敢恭維。

順道一提，我們不單只能用鼻子嗅聞，支氣管中也有嗅覺受體，碰到特定的氣味時就會隨之擴大，就連小腸也會參與嗅聞我們吃下去的東西。慕尼黑大學（Ludwig-Maximilians-Universität München）的研究人員發現，腸黏膜具備百里酚（thymol）與丁香酚（eugenol）的受體——分別是百里香與丁香的氣味劑。這些受體僅存在於鼻腔內，感應到這些物質後，腸道會釋放信使物質以改變腸內的活動。

這項發現之所以重要，是因為人類在自然狀態下，只會暴露在數量有限的芳香物質中；然而當前香水、薰香蠟燭與家用化學製品中充斥大量的人造物質，可能會影響健康或引發胃痛。

如果某些人在森林中不太能、甚或完全無法聞到氣味，或許並非一定是因為注意力不集中，也有可能肇因於部分或全然的嗅覺喪失。這其實並不罕見，如同慕尼黑大學附屬耳鼻喉醫院的訪問學者斯文．貝克（Sven Becker）博士在巴伐利亞廣播電台（Bayerischer Rundfunk）上所言，他推估目前已有百分之二十的民眾嗅覺衰退，甚至有百分之三至五的人完全喪失嗅覺。[14]

就算運作能力完整，在環境的感知上，鼻子也永遠無法像眼睛或耳朵那樣重要；畢竟，眼睛和耳朵這兩種感官更有助於交流。儘管如此，鼻子仍是一種不可低估的知覺器官，可惜我們很少在大自然中加以使用，但現在做些改變還不算晚！

人體之所以如此形塑，
完完全全是為了適應在森林中湧入感官的一切。

4 大自然不美味了嗎？

不久前，我在脫口秀節目上帶了點東西給眾來賓品嘗：雲杉（*Picea abies*）與花旗松的樹枝。雲杉是德國最常見的樹種，大家多多少少都知道，花旗松就較鮮為人知：它是北美西海岸的針葉樹種，並在那裡長成了巍峨的參天古木。在過去的幾十年，花旗松被大舉拓植到德國；不過，這當然不是節目的著眼之處。我之所以選擇花旗松的樹枝，是因為它們有著宜人的橘皮味——至少我個人這麼認為。演員阿克西爾．普拉爾（Axel Prahl）與表演藝術家伊爾卡．貝辛（Ilka Bessin）毫不遲疑地咬了一口，隨即面露嫌惡地癟起嘴來：他們完全不喜歡它的味道！這種反應與一般大眾無異。森林的味道主要就是酸味、苦味，以及介於兩者之間的細微變體。我們覺得美味的東西，像是成熟的漿果與堅果，通常都是供不應求，一年之中最多只出產幾個星期。春天的嫩芽新葉起初嘗起來就酸酸的，之後還會變得又酸又苦。樹皮下有透明的形成層，用小刀就能將其剝落，形成層的營養非常豐富，含有糖分與其他碳水化合物，味道有點像紅蘿蔔，但除此之外都是苦味；森林中的食物普遍如此。

我敢肯定，在遙遠的過去，祖先大多數的飲食嘗起來與今日截然不同。因為，如同我們的生活環境，人類的飲食也經歷了某種演化。只有獲得顧客青睞的東西，才能持續擺在商店架上賣。所以生產者會千方百計以最能引誘味蕾的方式去調整自家的產品，他們的方法愈來愈複雜，也愈來愈準確；這也是為什麼我們很難抗拒某些食物的原因之一。糖、鹽、脂肪，所有的這一切都藉由增味劑加強，所攝取的食物已超過了人體的需求。於是乎，我們日益遺忘天然或未經加工食物的滋味。我指的不是蔬果，因為經由育種，蔬果也朝著類似的方向改變——愈來愈甜，苦味則愈降愈低。相較於大自然的有滋有味，我們或多或少像在吃著某種單調的雜燴，唯有某些味道特別苦或特別酸的異類能脫穎而出，例如咖啡或什錦酸菜（mixed pickles）。

值得慶幸的是，我們的舌頭永遠無法被寵壞，抑或是讓舌頭上的味覺中樞、也就是舌乳頭，完全麻木。一個舌乳頭含有一百個味蕾，每個味蕾又含有一百個味覺細胞；這些細胞不是很耐用，每十天就會被更新一次。[15]因此，若在進食中造成某種損害，例如飲用過熱的飲料導致燙傷，舌頭會很快地自我修復。

在舌乳頭為數將近一百的情況下，人類具有將近一萬個味蕾。如果覺得這個數量很多，不妨去比較一下馬的舌頭：大約有三萬五千個味蕾。[16]為何馬需要這麼多的味蕾？草場上生長種類數以百計的草和藥草，其中不乏有毒的草。此外，馬無法看到自己嘴唇正前方的東西——牠們又大又長的頭部擋住了視線。如果在進食時什麼也看不到，那就必須依靠自己的舌頭。為此，必須先將有疑慮的草放入口中，如果不是該吞下肚的草，就得再迅速吐出來。馬很擅於做這樣的事情，我養的兩匹母馬就是這樣：如果藥草的味道不好，就會在咀嚼過程中被優雅地推向口腔邊緣，繼而通過嘴唇退回到曠野之中，觀察這個過程十分有趣。

說到舌頭，它其實並非人類唯一能藉以品嘗味道的部位。且讓我們先回過頭來看看鼻子。迄今為止，已知在食物中約有八千種可聞的揮發性物質。令人訝異的是，這類氣味多半在呼氣時才會被聞到，人類則有四分之三的味覺印象是基於鼻子的感知。想想感冒就知道了：這時食物的味道驟然變得索然無味，頓時失去了所有吃東西的享受。

因此，下回在森林中漫步時，除了透過觀察針葉與樹葉的形狀來探索樹種之間的差異，不妨也像伊爾卡．貝辛和阿克西爾．普拉爾一樣，咬咬看雲杉的樹枝，看看針葉裡究竟藏著哪些味道與香氣，想必會很有意義。

如同前面所說，我們對口腔裡味覺感應器的搜索尚未結束。從字面上來說，幾乎得走到「食物之旅」的盡頭，也就是進入腸道。如同腸道會一起嗅聞，其同樣也會一起品嘗，因為腸道中也有感應器，而且還是一般認為只會出現在鼻子裡的那種感應器。這些細胞不像我們的味覺，很容易受到甜味劑的蒙蔽。為小腸所感受的糖，通常會引發激素的釋放，並會對我們的意識發出「飽足」的信號。然而，甜味劑製品所能觸發的這類信號，卻遠遠弱了許多，於是身體就會要求更多的食物。因此，光是基於這個原因，倘若想減肥，攝取使用代糖的低卡製品並不會特別有效。[17]

現代的化妝品、洗潔劑、薰香蠟燭和諸如此類的其他製品，不僅充斥於我們的口鼻，也充斥於我們的腸道。[18]可是，到底誰會把化妝品、洗潔劑和薰香蠟燭吃下肚？答案很簡單：我們根本不必吃下肚，它們就能透過皮膚或呼吸道進入腸道，甚至到達人體的所有其他角落。這可謂是一支名副其實的「無敵艦隊」，藏身於調味食品中侵襲受體。根據德國聯邦風險評估研究所（Bundesinstitut für Risikobewertung）的說法，在食品生產中使用的香精約有兩千七百種（主要都是人工製造）。如果把這個數目拿來與自然界中的香精相比，似乎就顯得小巫見大巫；迄今為止，人們已在自然界中發現了將近一萬種的香精。然而，這種純粹的統計數字卻是騙人的。事實上，在日常生活中，只有當中的極少數能觸及我們的感官。畢竟，我們所品嘗的並非世上所有的水果，多半就只是家鄉所出產的水果——至少在全球貿易盛行之前是如此。

如今，我們的腸道充斥著陌生的香精，數量多到令人髮指，這也可能會導致腸道時不時「抓狂」，或是引發各式各樣的疾病；如同前面所說的，根據不同的香精類型，腸道感知到香精後，會觸發某些分泌物的分泌與某些活動的變化。然而，這一切與森林有何關係呢？別著急，因為我們已經針對這個生態系統做好了準備，連同它的氣味與味道，應該都能與之和諧相處。相反地，人工添加物卻會給身體帶來不必要的負擔，這也就是為何，時不時走入森林，並且在森林裡待上一時半會兒，藉以緩解鼻子、嘴巴與腸道的負擔，絕對非常有益。畢竟，人體之所以如此形塑，完完全全是為了適應在森林中湧入感官的一切。如果還能來點低度加工、不含添加物的天然食物當點心，森林浴的效果絕對會加倍。

我們每個人都會下意識摸自己的臉——
甚至當你讀到這裡時，
可能就正在這麼做。

5 觸摸有助思考

在傳統的五感中，我已經詳細介紹了四種。接下來的第五種可說是重中之重，那便是：觸覺。講到觸摸，多數人會先想到手指。這裡推薦一個可以在森林裡玩的有趣遊戲，這個老少咸宜的遊戲能讓我們體驗身體的意義。在遊戲中，有個人要蒙上雙眼，接著由另一個人引領他穿過樹木。蒙眼者必須完全信任他人，正如所料想的那樣——蒙眼者隨時都有可能一頭撞上粗糙的樹幹，還真痛！這段短距離步行的目的地是隨機擇取的某棵樹，蒙眼者得細細觸摸這棵樹，遊戲才算結束。觸摸得要非常徹底：依附在樹根的苔蘚、樹皮的結構、小樹枝、樹幹的直徑，所有一切都不容馬虎。接著把蒙眼者帶回原點，再讓他轉個幾圈，直到失去方向感，最後才能取下眼罩。這時有趣的事情要登場了：蒙眼者能自己找到先前觸摸的那棵樹嗎？在大多數的情況下，都能順利完成任務，著時令人驚訝，而且人們也很快就會明白：我們的雙手會把所觸摸的對象轉譯成圖像！

觸覺與圖像、抑或是我們的眼睛之間，是否存在某種直接的連結，有個國際性的研究團隊在二〇一四年時進行了科學研究。所得出的結果是：每當受試者的手指觸摸到某種東西，他們的眼睛就會停止運動幾分之一秒。[19]這些極度微小的時間間隔無法被有意識地感知，但這些停頓顯然足以讓大腦好好集中注意力，來處理所觸摸的東西。

人體具有大量可用於觸摸的感覺細胞。多達六億的感覺細胞隱藏在皮膚裡，就連肌肉、肌腱與關節當中，也都存在著感覺細胞。[20]它們不僅是確定自己身體的極限所必需，更有助於精神的集中。萊比錫大學（Universität Leipzig）觸覺研究實驗室負責人馬丁・格倫瓦德（Martin Grunwald）曾抱怨，觸覺在心理學所獲得的關注仍然太少。[21]為了加以彌補，他研究了自發性的自我觸摸臉部。我們每個人都會下意識摸自己的臉——甚至當你讀到這裡時，可能就正在這麼做。摸自己的臉並非用於溝通，而且在大多數的情況下，我們也不會意識到自己正在摸臉。儘管如此，誠如格倫瓦德所發現的，摸臉絕不是毫無用處。在受試者嘗試記住五分鐘的觸覺刺激時，格倫瓦德測量了他們的大腦活動。在實驗過程中，還會用一些引發反感的聲響去干擾受試者。這時摸自己的臉的比率多半會大為增加。如果噪音讓大腦變得不協調，記憶過程恐會被迫中斷，這時自我觸摸就能促使腦電波重新回到正確的節奏：換言之，自我觸摸讓精神重獲根基。[22]

觀看、觸摸、學習，在現代世界中，這是個容易陷於不合拍的「三和弦」。因為，如果愈來愈多的資訊都仰賴智慧型手機或電視，那麼我們利用觸覺學習的機會就日益減少。長期下來會有什麼後果，尚待評估。不過，現在立即採取某些對策，肯定不會有害。這次我要說的，不是去森林散步，至少不是那麼簡單。下回走向野外時，請觸摸一下各種不同的東西：躺在路旁的羽毛正等待著被拾起，覆滿藻類的濕滑石頭也傳遞出不尋常的觸覺印象。要是擔心髒手會沾上衣服，其實只需用一小塊的苔蘚墊就能加以清潔，尤其是潮濕的苔蘚墊。順道一提，從中也能得到另一種觸覺體驗。

就字面意義來說，
第六感確實存在於人體當中，
而放諸自然而言，
第六感同樣依舊完好無損。

除了眾所周知的五感——視、聽、嗅、味、觸——科學家還區分出一些其他的感知能力，例如某些動物能察覺電場或預先感知到火山爆發。二〇〇四年的南亞海嘯，就觀察到許多事例，像是看到水牛驚慌地往陸上竄逃，當地居民就跟著逃往安全的高處，從而避過了致命的海嘯。[23]

更有意思的是，我們人類其實也具備這樣的能力；而且因為這些能力，加深了我們與自然的聯繫，雖然這有時可能會導致痛苦不舒服。對天氣敏感就是這類現象之一。如果某個高氣壓被某個強烈的低氣壓取代，有時我就會感到頭部與牙齦隱隱作痛。這種感覺極其難熬，但還好幾個小時後症狀就消失了。我與百分之五十的大眾一樣，都有這種天氣敏感度——你也是其中之一嗎？許多科學家至今對此仍抱持懷疑，這實在是徒勞無益。畢竟，症狀無法隨便搪塞過去。相較之下，倒是沒有任何專家學者否認天氣的基本影響，不過這個獲得公認的面向，卻也十分乏味：若天氣變冷，身體就得產生更多的熱，才能將體溫保持在三十七度左右；若天氣變暖，汗水就會促成相應的冷卻。整個過程都伴隨著血壓的升降，以及血管的收縮和擴張，光是這樣就有可能導致器官或四肢的不適。然而，這種解釋無法滿足我。因為，就算整天都待在恆溫的室內，身體也無須進行任何調整，我還是會產生這種天氣敏感度。此時唯一改變的是氣壓，如果在戶外的氣壓下降，那麼在房屋裡也會有同樣程度的下降——畢竟房屋不是氣密的。然而，迄今為止，影響數百萬人的這類經驗卻還是無法以科學的方式來說明。

問題是，第六感是否已經充分定義、人體是否沒有更多其他感官了呢？譬如說體感——這或許可以列為第七感。沒聽說過嗎？如果從未聽說，倒也不足為奇，因為體感很少為人所提及，儘管它是最重要的知覺之一。它沒有專屬的對應器官，但還是可以加以察覺。就在此時此刻的當下，體感會告訴我們，自己的身體止於何處、是否達到平衡、沙發軟不軟、手中的書本重不重。這其實是一場人體的大合作，由眾多器官、神經細胞及大腦合力對所有資訊進行評估。不過，並不是一定要具備大型中樞神經系統的生物才能有這種體感，植物也具有這種體感。因為植物也能感受到重力，從而讓重達數噸的樹幹保持平衡。舉例來說，一旦山毛櫸發現樹冠沒有筆直，就會在需要調整的斜面上建構特殊的壓力木材，防止進一步的傾斜。不僅如此，山毛櫸還會在另一側建構拉力木材，就像固定帳篷的拉繩那樣，同樣有助於化解進一步的傾斜。

對人類來說，平衡感是體感的一部分，就算雙眼看不見，也能幫助我們不至跌倒。相反地，如果因為神經疾病等的緣故而喪失體感，即使眼睛完好無損，也無法保持平衡。

且讓我們言歸正傳。傳統上說的「第六感」指的是某些近乎超自然的事情，或者是某些至少無法用當今的科學方法完全解釋的事情。前面提及的天氣敏感度便是其中之一，除此之外還有很多，像是預知危險即將發生的能力。人們通常會把這些歸於祕教的領域。不過，美國聖路易（St. Louis）華盛頓大學的科學家仍然試圖找出，其中是否存在什麼真實的東西。這涉及突然出現、朦朧不清，以及「有什麼事情不大對勁」的感覺。當身體發出警報，在最好的情況下，這個人會有意識地察覺到威脅，從而想辦法讓自己平安無虞。不過這也有可能只是些枝微末節的事情，例如感覺有人在背後盯著自己——於是回過頭後，真的發現有人在看你。癥結點在於：這種模模糊糊的感覺究竟從何而來？

為了揭開謎底，研究人員設計了一種測驗：安排受試者坐在一面螢幕前，螢幕上顯示藍色或白色的線條。這些線條會變成箭頭，受試者需要根據箭頭指示的方向按下兩個按鈕的其中一個。有時箭頭會在受試者動作前的一瞬間，突然改變方向，由於指示太晚出現，受試者會來不及改變要按的按鈕。聽起來頭很暈嗎？的確如此；受試者一開始並不知道有此模式，不過，螢幕顯示線條的初始顏色，會決定是否即將發生這種急速的變化。受試者的潛意識顯然也注意到這一點，經過連續的嘗試後，某些受試者能在不知不覺中，預測出箭頭將要改變的方向。

在整個動作的過程中，研究人員量測了受試者的腦電波，觀察到大腦中有個區域特別活躍，那就是前扣帶迴皮質（anterior cingulate cortex），簡稱ACC，目前尚未有徹底的研究，不過，感謝這項實驗的研究成果，我們可以確定的是，這個區域會將環境裡種種不為人所意識到的細微提示轉化為意識，並與情感加以聯繫。[24]

也就是說，我們的第六感位於額頭後方，它在那裡勤奮地處理各種環境資訊。在你閱讀這些文字時，大腦也同時正在記錄室溫、環境噪音與氣味。這一切都不會在閱讀時滲入意識，因為那只會分散你的注意力。不過，一旦ACC區域綜合各種感官印象，推斷出亟需採取某種舉措，就會引發不適，促使注意力從閱讀中移開。這時第六感便會及於意識，而且自己通常都無法解釋，自己為何會有所反應——我們並非有意識地感知到來自環境的信號，之後也往往不會加以察覺。

就字面意義來說，第六感確實存在於人體當中，而放諸自然而言，第六感同樣依舊完好無礙。重要的是，我們也要在自然中訓練第六感。ACC無法創造奇蹟，只能評估它所知道的東西。唯有汲取經驗並了解自然中的慣例，大腦才有辦法知道，怎麼樣的森林聲響、風力強度或土地結構代表著危險。

說到了解自然中的慣例：沒錯，唯有盡量常常走在森林中，才有可能達成。只不過，許多人都覺得獨自一人走在森林裡怪可怕的。難道其實不會危險嗎？

人類總是不禁認為，
在森林每個灌木叢背後，
都潛伏著這樣的危險，
尤其是獨自一人行走的時候。

7 野豬——森林裡的大白鯊

看過《大白鯊》系列電影嗎？倒楣的是，我看了不止一次，這讓我後悔了好多年，因為害我無法好好享受在海中游泳的愜意。即便我很清楚，鯊魚幾乎沒有什麼危險性——平均每七億三千八百萬個去海灘的人，只有一個會遭受鯊魚攻擊。[25]而儘管這瀕臨絕種的魚愈來愈少，對大白鯊的恐懼仍然揮之不去。要是海裡還有很多其他的人，那麼勉強還行，但要是獨自一人，我就絕對不會游到水深超過一米之處。無論我的理智有多能引述事實，我的情緒卻打死不肯服從。

《大白鯊》絕對影響了人們如何與大型掠食性魚類打交道，而某些遊說者或過分憂心的組織所散布的奇言怪語，每天也都在其他各類物種身上造成同樣的效果。該怎麼辨呢？以多包條蟲（*Echinococcus multilocularis*）為例。大家老是警告，只要是低於膝蓋高度的漿果，採摘後切勿直接食用，因為上頭會有微如粉塵的蟲卵沾黏。

不過這種假設性的危險，卻並非以上述的形式運作：受到蟲害的狐狸，會將蟲卵連同糞便排出，老鼠吃下後，內臟裡就會形成幼蟲水泡。這會導致這些小型嚙齒動物的速度變慢，狐狸就能趁此機會把老鼠抓來吃，然後幼蟲會從狐狸的消化道中釋放出來，從而完成整個循環。所以如果有誰取代了老鼠的位置（亦即吞下蟲卵），他就會生病，必須接受治療。可是誰沒事會去吃狐狸的糞便或去摸沾了屎的狐狸呢？

主要的感染源其實是在完全不同的地方，也就是在自己家裡。貓狗等寵物會捉老鼠，要是沒給牠們定期除蟲，就會透過貓狗的皮毛將蟲卵傳給主人。因此，在自然裡享用野生漿果完全無害；但若是沒有好好除蟲，自家養的寵物反倒可能有害。

另一個主題是野豬。牠們基本上是完全無害的，只有在兩種情況下，才會變得危險：一是，迷失在市中心，而且驚慌地繞著包括行人在內的一切狂奔；二是，遭到槍擊且蒙受重傷——如果獵人頻頻追趕受傷的獵物且起了殺心，那麼被逼上絕路的困獸，可能就會發動最後的反擊。

以上的兩種情況對散步的人都毫無影響，但野豬媽媽及其小野豬的傳說卻仍在流傳：萬一遇上這樣的組合，就會有遭受母獸攻擊的危險。簡直是胡說八道！首先，早在我們見到牠們之前，害羞的野豬就已經跑開了。而且，在那些牠們已然變得溫馴的地方，也就是大城市裡或周邊，在母豬帶小豬的情況下也不會發生任何事情。儘管如此，人類總是不禁認為，在森林每個灌木叢背後，都潛伏著這樣的危險，尤其是獨自一人行走的時候。不過，這種危險其實只潛伏在想像中。

恐懼和過敏之間有著驚人的相似之處。過敏之所以發生，是因為人類為自己的免疫系統排除了大多數的威脅。抗生素之類的藥物，尤其是極端的清潔衛生，都在很多情況下，阻止了人體與病毒、細菌、蠕蟲或其蛋白結構等微小攻擊者交手。不過，我們的系統還是得始終保持防禦狀態，但由於經常無事可做，就會開始處理其他的異物。這時草或樹的花粉便會引發嚴重的過敏反應——畢竟它們主要是由蛋白質組成。樺樹這種樹種具備極高的引發過敏潛力，樺樹花粉的濃度會在日積月累下提高。原因不單單只是因為大家不顧專家的警告，持續在城市裡種植樺樹，其特殊的擴散能力，其實也是原因之一。樺樹是先驅物種，這意味其為最早進駐閒置土地的物種之一。閒置土地處處可見，可能是鐵路的路堤、工業區的郊區、高速公路交流道的路堤，也可能是待拆除的房屋；儘管缺乏土壤，樺樹還是能在它們的屋頂上生存。此外風也助了一臂之力，讓微如塵埃的花粉得以飄散數公里之遠。

樺樹花粉可以飄散得多遠，豬草（*Ambrosia artemisiifolia*）就是很好的例證。這種極度能引發過敏的植物，早在十九世紀就從北美引入歐洲，通常生長在向日葵田裡。因此，在購買鳥飼料時，務必注意上頭是否印有不含豬草的標示。否則的話，代表廠商沒有花力氣篩選葵花子，到了來年春天，這種又稱「艾蒿葉豬草」的植物將在你的餵鳥器周圍發芽。匈牙利就有很多這種植物，若是天公作美的話，大量的樺樹花粉就會一路吹送到德國來，導致德國當局不得不發出警示。

其他樹木的花粉也都有辦法飛得很遠。在特別多物種開花的年分裡，森林裡會揚起大量粉塵，看起來宛如被大霧籠罩。隨風遠行有助於樹木避免同系繁殖。因此，春季的空氣中充滿花粉這件事其實再正常不過，對花粉過敏才是新鮮事。人體到底多缺乏與其他的危險交鋒的機會，才會逐漸轉向對抗自己原來的家園？

那麼心靈呢？當中確實能觀察到類似於過敏時的現象。

直到離現在不算太遠的十九世紀，在森林裡散步確實可能很危險。不過，與其說是因為猛獸，不如說是因為強盜。強盜會埋伏在聯外道路旁，誠如我的故鄉埃佛在一八七〇年代留下的紀錄：強盜搶劫了富庶的科隆用以賑濟農村飢民所派出的糧車。

當然，那時候還有狼出沒，牠們主要威脅到牲畜，因此被視為直接的生存危險；畢竟，過去誰能在沒有乳品來源與馱獸的情況下生存？雖然直接攻擊人類的紀錄並不常見，但大野狼卻以童話的形式深植於人們的心靈。

至於現在，森林已然成為極度安全的地方。強盜團伙早已絕跡，也很難想像會有動物攻擊（撇開放牧時的家犬與零星牛隻不談）。毒蛇十分罕見，有毒的昆蟲也幾乎絕跡。那麼，人類有什麼好怕的？儘管如此，許多人獨自走在森林裡時，就是會有這種恐懼。不妨試一次看看，如果在白天沒有這種感覺，那麼晚上一個人去樹林裡散步呢？在黑暗中，我們的本能會特別無情地窮敲猛打，理智意欲使情況無害化的所有嘗試都會歸於無效。我承認就連我自己，有時也會油然生出一股微弱、極微弱的恐懼，幸好本於百倍的經驗，恐懼再也無法控制我。

因此，類似於對過敏的脫敏，不妨試著在夜色下的森林裡漫步，在短時間內減輕恐懼感，同時訓練一下在白天被忽略的所有感官。

我們終究會在所有的物種身上發現某些特殊成就，
而每種生物也確實都擁有在所處生態環境中生存所需的某些能力。

8 我們比自己所想的更好

我在前段最後的一些篇幅中指出，我們的感知能力絕對沒有退化，這點非常重要。人類的感官跟許多動物比起來都毫不遜色，只是如同其他所有物種，在我們的特殊需求下趨於完善。這樣看來，人類這種動物其實再正常不過了。

儘管如此，為何我們總要貶低自己的感官能力，總是把自己拿來與能力更強的物種比較，而不與那些我們略勝一籌的物種比較？

我覺得，許多疼惜自然的人都殷殷盼望，不要成為這個星球的統治者。關於環境破壞的種種報導，關於氣候變遷的種種末日宣告，都令我們顯得相對其他生物是那麼地高高在上，以至必須打破與生態系統的所有其他居民之間的連結與共同性。這令人感到痛苦，不單單只是因為人類對自然造成的種種影響。

但若果真如此，等於認為人類是這個眾生愚魯且無助的星球上唯一理智的物種。我們每天都被芸芸眾生所圍繞：狗兒和貓咪、小鳥和松鼠、蝴蝶和蒼蠅——牠們都沒那麼聰明，因此受到人類壓迫或滅絕。單單就這種印象本身，就造成了一種排斥感。

無庸置疑，有些物種特別精於某些知覺。舉例來說，相較於我們的雙眼，猛禽的眼睛對細節的解像力高了四倍，讓牠們能從幾公里高的地方一眼就發現老鼠。禿鷹或隼等物種，甚至內建某種的望遠鏡，能擴大牠們的部分視野，促成更精確的遠距觀察。[26]

鯊魚的嗅覺令人難以置信。即使在一比一百億的稀釋度下，仍能聞出魚血。這裡我要澄清一下：儘管有各式各樣的傳言，但這項長處並不適用於人類的血液——我們根本不在鯊魚的獵物清單上，因此在大多數的情況下，牠們對我們其實完全無動於衷。

我們終究會在所有的物種身上發現某些特殊成就，而每種生物也確實都擁有在所處生態環境中生存所需的某些能力。回歸我們最初的比較，狗需要一個靈敏的鼻子，藉以追蹤獵物，這是牠們的狼祖先所賦予的。有別於人類的世界，在狗的世界裡，眼睛與舌頭的能力無須那麼完善，耳朵的能力則更是如此。牠們完全適應了牠們的生活環境，正如我們適應了我們的。這也是為何相互比較沒什麼意義，因為如此看來，每個生物所擁有的能力並無優劣之分。

人類的感官仍與數千年前的祖先一樣功能完整，可讓我們仔細感知所處的環境。然而，這個環境並非主要是由書桌、沙發與速食店所組成，而應該是由森林與大草原所組成——至少直到如今仍是如此。針對森林與大草原，我們有著精良的裝備，可以隨時（在經過幾個星期的訓練後）跟上野生動物。

我們始終是一個大型共同體的一部分，配備了出色的感官，讓我們得以充分掌握並品味所處的生活空間。這些感官也讓我們察覺到其他物種的種種能力，從而也增強了我們的同理心和關懷。從古至今人類與自然的連結從未斷裂，只不過是暫時遭到忽略。基於對此共同體的完全歸屬感，種種環保舉措逐漸浮現出另一道截然不同的曙光。

我們不必硬要外出保護自然，也不必放棄接觸自然，只為了保護某些被假定是弱小的甲蟲或鳥類免於滅絕。不，只要採取任何有助於保護地球生態系統的措施，就能同時保護我們自己和生活品質，這其實只是因為人類是這個整體中，一個完整的部分。因此，對「保護自然」的最佳詮釋便是：純粹的自我照顧。

觸摸他們的粗糙外皮讓我們心生寧靜，
若還能得到樹木或大象的一絲回應，
那就太美好了。

9 與樹木親密接觸

為何我們和樹木無法如同和大象等動物一樣交流？我喜歡將這兩種生物相提並論，因為他們有許多的共同點：都生活於社會組織中，會照拂自己的後代和年長者；德國人會用「大象的記憶」（Elefantengedächtnis）來形容超群的記憶力，樹木同樣有如大象般的好記性；如同乍看之下我們似乎難以理解的某種語言一樣，樹木會透過根部的連結進行交流，大象則會在亞聲頻率範圍內，也就是在低於人類可以聽到的範圍內，用象腳進行交流，甚至可遠達幾公里外；這兩種生物都引發我們的欽佩之情，讓人渴望與其接觸；觸摸他們的粗糙外皮讓我們心生寧靜，若還能得到樹木或大象的一絲回應，那就太美好了。

不過，此便是大象與樹木的不同之處：大象可以向我們顯示牠的喜好，可以刻意地透過象鼻與我們親密接觸，換言之，可以用非語言的方式與人類交流。這也正是許多自然愛好者渴望能從樹木處所得到的。然而，深植於我腦海中，歷經保守科學訓練的「小精靈」卻馬上高聲喝叱：「不！那純粹只是怪力亂神！」另一方面，我也是個好奇心很重的人，當我仔細觀察在自然科學領域裡所發生的一切時，像是量子物理學等等，在將某些事情視為無稽並加以拒斥前，會想先更仔細地把整體審視一番。所以對樹木有什麼可以發掘的東西，腦中的小精靈有時也會默不作聲。

人類能與樹木交流嗎？要想回答這個問題，務必得先細細探究一下「交流」這個語詞。「交流」意味著資訊的交換，而且必須是相互的。因此，雖然我們可能會有意識或無意識地，用鼻子在某種程度上獲悉樹木間相互傳遞的香味訊息，且在此過程中確實引發某些身體反應，但那還不夠；是的，「交流」還得包括，樹木對我們發出的信號有所反應。過去，我會斷然拒絕將諸如此類的事情納入可能的範疇。

我既不迷信、也不愛講些怪力亂神、有的沒的，這也許歸功於小時候被迫參加的週日禮拜。因為覺得布道及其不變的流程太過單調無聊，便會找些新奇的遊戲來打發時間，例如我會瞇起眼睛凝望教堂頂的燈，這會造成如萬花筒般的光反射——這與父母想藉助禮拜帶我認識的那些事物大相逕庭。因此，在上高中時，我幾近貪棼地吸收了大量的科學知識，我覺得這似乎是理解世界唯一合乎邏輯的方式。

直到今日，我依然這麼認為，儘管我知道，科學事實在許多情況下，其實也只是目前對自然界事物最有可能的解釋。時時修正這些觀點，應該是日常的一部分，才能出現更多樣的觀點。

我經常希望自己，若能相信某些更高的力量就好了，因為這既能充實情感，肯定也能使人平靜。然而，我內心深處其實並不做如此想，這也是為什麼，我總是對業餘人士所說的那些奇妙經歷深表懷疑。我知道，從一個撰寫樹木情感、甚至樹木語言的人口中聽到這些話，可能會有點違和，不過這正是保守的科學共識。

因此，且讓我們使用現代的科學工具觀察一下樹木的交流。樹木會散發出一種化合物，人類潛意識能加以感知並以血壓變化做出回應。但樹木無法反向來察覺這種回應——畢竟，我們與樹木沒有絲毫接觸。就算一把抱住樹木，且把人樹之間會相互影響的電場納入討論（在刺激的傳導上，植物有部分是以電來運作），仍然會有個極大的障礙，那就是時間。樹木可說是出了名的慢郎中，不妨把自己對樹木當下所做的動作乘以因數一萬，來算出在何時能得到回應。

要是電訊號以最高每秒一公分的速度行進，而且要牢牢把樹抱住，那麼還是有可能立即獲得回應。不過，那可能剛好只是，當脈衝就在那裡被處理的時候，但我們其實無法知曉。某些事情會在根部進行調節，例如每片葉子可以使用多少水，從樹冠到根部再回到樹冠（或是到你的雙手），根據樹種的不同，這會是條漫漫長路。在此，我們碰觸到樹木本質的核心問題之一：樹木會儲存記憶、對攻擊做出反應、將糖溶液傳遞給後代，甚至可能會傳遞記憶。所有的這些能力，都不禁令人推想到具備大腦之必要，可惜這至今尚未發現。樹木的許多部位都完全無法活動，占了很大一部分的樹幹就是如此：整個內部，除了外側的年輪外，都處於靜止的狀態，或者也可以說，都已經死亡了。跟開採後的木材一樣，樹幹內部除了一些單純的物理反應，什麼也不會再發生。這裡說的物理反應，指的是在空氣潮濕或乾燥時，所發生的膨脹與收縮，或是如同某種防水工法般，提前儲存鞣質以防禦真菌的入侵。

樹木的水管在外側的年輪裡流動，因此此處會特別潮濕，濕也有附帶的好處：大多數的真菌都無法在此生長。雖然真菌性喜潮濕，但也可能會被淹死（除了少數例外）。此外，由於許多物種都可能讓樹木的生存處境變得艱難，因此，在樹幹外圍設置一個可以防禦大多數這類攻擊者的區域，是十分務實的作法。不過，讓我們再回頭來討論大腦的事：即使是在樹幹的外圍，細胞也會被木質化，所以大可放心拋棄「重要資訊會在此進行處理」的假設。

我之所以刻意在上下文一再使用「大腦」的概念，那是因為我堅信，高品質的交流需以意識為前提。否則的話，任何電腦都會是個良好的交流者，因為，即便是最便宜的電子設備，如今也能回應人類的刺激。所以，我們不禁要問，植物是否普遍具有像是意識之類的東西。波昂大學（Universität Bonn）最年輕的教授法蘭帝許・巴洛斯卡（František Baluška）便探討了這個問題。早在很久以前，他就認為植物是有智慧的，可以處理資訊並做出決定。至於意識，則又是屬於另外一個層次。要想證明植物擁有意識，就得從根本上改變對待植物的方式──在傳統農業與大規模養殖領域，都會面臨類似的問題。

法蘭帝許・巴洛斯卡與佛羅倫斯的斯特凡諾・曼庫索（Stefano Mancuso）等其他國際團隊聯手，稍微往答案靠近了一小步。他們麻醉了捕蠅草（*Dionaea muscipula*）等一些能夠活動的綠色植物，這種植物會藉助一種折疊機制來捕捉獵物：一旦昆蟲碰到葉片內側的觸鬚，捕捉器就會瞬間關閉，然後消化獵物。麻醉劑（其中也包括了用於人類的麻醉藥品）會讓植物的電活動減弱，使得捕蟲陷阱不再對刺激產生反應。被麻醉的豌豆情況也類似，不像平常那樣利用自己的卷鬚慢慢地試著摸索周圍環境，而會停止活動，將卷鬚扭曲成螺旋狀。而在麻醉劑分解後，植物才會恢復它們的正常活動。[27]

這是不是像我們在全身麻醉後那樣甦醒？這個問題十分重要，因為，若要甦醒，首先需要一樣東西：意識。這正是《紐約時報》的記者問巴洛斯卡的問題。我特別喜歡他的回答。他表示：「這沒有人能說得準，因為你無法詢問它們（植物）。」

但對我來說，事情還沒結束，為了深入了解，我去波昂拜訪了法蘭帝許・巴洛斯卡。

在此之前，不妨先來一窺人類與植物的共同歷史。

相互交流的問題，也能從發展史的角度來看。這意味著，人樹相伴而行了多長的時間？兩者之間又有多契合？且讓我們先從樹木開始，因為它們在時間上稍微領先：早在三億八千萬年前，首批樹木就已聳立於藻類、苔蘚與藥草之上。這麼做有兩大原因：一方面藉此擺脫競爭，只要所生的葉子能高於其他植物，便可在競爭陽光的比賽中勝出；若能形成一根巨型樹幹，樹枝高於其他所有競爭物種，那就再好不過了。

顯然，這樣的發明並不侷限於某個物種。在之後的數百萬年裡，形成了許多廣袤的森林，這些森林為它們的同伴帶來意想不到的影響：樹木吸入大量的二氧化碳，不僅將其束縛在木材中；枯樹沉入沼澤，逐漸形成煤。就這樣，空氣中有許多二氧化碳被抽出，反過來，又有許多氧氣被加入，促使昆蟲得以達到最佳狀態。昆蟲的大小因呼吸方式而受限，因為氧氣不是藉由靜脈與帶有泵（心臟）的血液循環分布於體內，而是透過小管直接輸往細胞；這些氣管會隨長度的增加而失效，代表對大型昆蟲來說，抵達管線末端的氧氣過少。所以這些昆蟲的最大體型僅能達到十七公分，至少在當前的空氣含氧量下是這樣。因此如今沒有任何昆蟲可以長得更大。[28]然而，在三億年前，樹木卻曾產出大量的氧氣，使得這種氣體的占比遠高於今日——不是如今的百分之二十一，而是百分之三十五。在這種條件下，昆蟲明顯可以長得更大，而且牠們也確實如此。當年，有翼展超過七十公分的蜻蜓翱翔天際，地面上則有兩公尺長的千足蟲緩緩爬過枝葉之間。

這個例子顯示出因應樹木及其代謝過程，動物界間接所做出的調適。順道一提：樹木同樣需要氧氣呼吸，且會在此過程中消耗氧氣。這點植物和人類一樣，為了獲取生命過程所需的能量，也會細胞中燃燒糖。在進行光合作用時，葉片中糖分的製造會導致氧氣過剩，並與二氧化碳化合，但樹木若是少了氧氣，什麼都做不成。在冬日裡即可觀察到，二氧化碳的化合與糖分的燃燒之間有多互不相干：類似棕熊在冬天得依靠身上的脂肪層過活，到了冬天，樹木也會燃燒自己在夏日裡所收集並貯存下來的糖分。樹木與熊在靜止狀態下，都會從空氣中吸入氧氣，並呼出二氧化碳。而諸如山毛櫸與橡樹之類的樹木，由於缺少綠葉，在這段時間一絲氧氣都生產不出來。

現在讓我們回到過去。

此時的氧氣含量早已下降，昆蟲則縮小到現今的尺寸，人類也登場了。人類很快學會了生火，為此亟需木材——這便是人類首次與樹木發生重大接觸之處。至於確切是在何時，迄今仍是個謎團；而就連從何時開始，我們開始稱呼我們的祖先為「人」，也無法確切知道，現代人類（也就是智人〔*Homo sapiens*〕）首次出現的時間，也在二〇一七年時被重新改寫。

直到二〇一七年為止，我們可以確定的是：人類在這個星球上營生至少有二十萬年之久。之後，研究人員在摩洛哥發現了更加古老的遺跡。從傑貝爾依羅（Jebel Irhoud）洞穴中出土了一些骨骸與燧石工具，可回溯至三十萬年前，而且毫無爭議地被歸類為現代人類。[29]我認為這是另一個絕佳的例子，顯示出科學斷言如何在一夕之間翻轉。

人屬（*Homo*）是在兩到三百萬年前首度登場。那麼我們是否該從這個時點，開始觀察種種調適的情況呢？為什麼不再提早一點呢？畢竟，至今我們依然帶著某些基因遺產與能力，而它們的源頭甚至是那些我們不會稱其為人類的祖先。即使觀察過去的三百萬年，這段相對較短的時間，是否足以讓樹木適應我們的存在呢？對真正的交流或至少是某種形式的互動，必須不單只有我們適應樹木才行；遺憾的是，對此並無任何證據。直到近期，樹木才在人類的行為下發生改變，不過這與人樹交流沒有多大的關係。這些行為就是所謂的育種：藉由篩選，也就是某種「快轉」的演化，為花園與街道綠化所打造出極度匪夷所思的樹形。

不過，野生植物基本上就會去適應人類的存在，這點倒是已獲得證明。以美洲的一種蘭科植物粉蝶蘭（*Platanthera*）為例，其生長在北方較冷的森林中，在北歐與俄羅斯也有亞種。粉蝶蘭得為自身的白花尋找授粉者，可是北方的沼澤地帶裡少有蜜蜂，但倒是有大量的蚊子——每個去度假的人都會痛苦地指出這一點。然而這些昆蟲卻並非以愛花聞名，而其實是惡名昭彰的「吸血鬼」。

粉蝶蘭正是利用這一點，其會模仿人的氣味，向蚊子發出或許能飽餐一頓的信號。意在尋找受害者的蚊子便會觸碰到粉蝶蘭的花朵，無意間幫助它們完成授粉。不過，倒也不算是完全空手而歸，因為即使是雌蚊，也不單只會喝血，偶爾也會喜歡來點花蜜形式的碳水化合物。[30]

有辦法主動利用火，
使人類從其他物種中脫穎而出。

10 一切都是從火開始的

拉近人樹之間聯繫的另一條途徑是火。火？難不成我們要透過炸肉排來展開「與動物相處」的主題？柴火說起來無非只是被鋸成小塊燃燒的樹木骨骸，但火卻很適合拿來確定，人類對待木材（以及樹木）的方式，是否以某種形式固定於基因上。這方面的跡象十分明顯。

我們一定都碰過這種場景：受邀參加花園晚會或與朋友一同升起營火，到了某個時刻，每個人都站起來圍在篝火旁凝視著火焰。就連在炎炎夏日，在無須生火也足夠溫暖的微熱夜晚裡，大家也喜歡這麼做。為何要這麼做呢？當然，你我都能舉出一大堆理由，像是這樣做很浪漫、人人都喜歡劈柴和玩火等等；討論到這裡，已經跨入情感的領域，且可謂是本能的語言——人類對篝火的迷戀根植於潛意識。唯一的問題是：這些正面的情緒究竟是基於學習、抑或是基於遺傳？

如果想審視人類與森林及樹木的關係，那麼先來探究一下火，會是非常重要的。因為它特別清楚地表明了，我們的命運與木材有著密不可分的關係。

火是人類的重大成就。若沒有熾烈的火焰，我們的大腦或許就不會發展到如今的大小。許多水果和肉類，都要經過烹煮才比較容易消化；換言之，藉此讓食物提供顯然更多的能量。此外，由於我們的祖先既缺乏銳利的尖牙，也沒有強大的體能，實在難以抵禦猛獸，但有了火的加持，情勢則截然逆轉，因為沒有動物不怕火。此外，若是沒有火，人類征服全球的勝利之師，恐怕早在非洲的邊界之內止步。否則的話，像是遼闊的西伯利亞等地，要如何才能在嚴寒的冬夜裡取暖呢？

然而，人類並非唯一懂得利用火的物種。肉食動物同樣也會如著魔般被火吸引——明亮的光芒會使獵物失去掩護，甚至可能會受傷，從而更加難以逃脫。只不過，有別於人類，諸如老鷹與其他的物種只能被動地利用火，從來也無法自行生火。就連我們的最近親，也就是黑猩猩，也都沒有這種能力；相反地，牠們明顯流露出對火的恐懼。有辦法主動利用火，使人類從其他物種中脫穎而出。

第一團被人刻意點燃的火焰究竟是發生在何時，至今仍是個歷史謎團。可以肯定的是，在南非奇蹟洞（Wonderwerk Cave）的考古遺址，考古學家發現在距今一百七十萬年前，人類曾在此圍坐在他們自己升起的篝火旁。[31]但或許早在四百萬年前，第一團由人類點燃的火就已熊熊燃燒，這點在學術研究上迄今尚無定論。可以確定的是，這種利用木材取暖的方式，在當時就已伴隨了我們人類很長的時間。

物換星移、場景改變。我和女明星芭芭拉・伍索（Barbara Wussow）及氣象學家斯文・普洛格（Sven Plöger）一起坐在營火旁。那座篝火只是一團小火，因為在那個二〇一八年的夏天，由於嚴重乾旱而存在高度的森林火災風險。當時正在為我的節目進行錄影：我總會在節目中，與兩位名人露天或在樹木華蓋下共度一夜。那團火慵懶地燃燒著，過程中產生的煙多於熱。為了要烹煮食物，我們必須非常靠近火堆，我一隻手握住鍋柄、一隻手攪拌。不用說，不但整件衣服都吸飽了煙燻味，我本人當然也吸了不少煙進去。我不禁在想，人類會受煙與煙燻食物的吸引，難道不是源自遙遠的過去？如果我們這個物種有超過百萬年的時間，每天身邊都有這種煙霧圍繞，如果洞穴與後來在農舍中的開放式爐灶，強化了這種缺少氣流而致的效果，這種充滿煙熏味的空氣，難道不是人類本能就喜歡的一種環境嗎？這種想法並沒有錯。誠然，沒有人喜歡吸入煙霧，然後咳個好幾分鐘。然而，即使在過去的幾千年中，我們的生存狀態也顯現在我們的基因裡。如果火會觸動出某種本能的迷戀這一點，已經固定在人類的基因中，煙、更準確地說是燃燒柴火的煙味，沒道理不會具備同樣效果。

不妨親自測試一下，柴火的煙或被柴火的煙燻過的東西（可能是上回在營火晚會上所穿的衣物），聞起來會令人感到愉悅。至少會比被燃燒的頭髮來得好，更不用說被燃燒的塑膠。前者會促使我們本能地發出身體的警報，畢竟，這可能會不小心讓自己的頭髮著火。另一方面，塑膠與其他非自然的東西則是歷史還太短，還幾乎不會出現在我們的潛意識清單裡。簡言之：柴火的煙對大多數人來說令人愉悅，其他被燃燒的東西則不一定。

把煙感受成一種美好的氣味，甚或迷戀於火本身，是否真是遺傳性的，至今尚未獲得證實。不過，倒是有跡象顯示，在我們的基因上存在著這種變化。美國賓州大學蓋瑞．珀杜（Gary Perdew）所領導的研究團隊，將尼安德塔人（Neanderthals）、類似尼安德塔人的丹尼索瓦人（Denisovan）的基因，與今日人類的基因進行比較後，發現在處理火的基因上有個至關重要的差異：煙含有的許多致癌物質，像是多環芳香烴（PAHs），是因不完全燃燒所致，在人體內會被部分分解為其他同樣有害的物質。至今為止，人類接觸這些物質已有一百五十萬年的歷史。

就連我們平常都經常會吸入這些成分，只是不再來自篝火。時至今日，人們主要是用家裡的壁爐生火，而且數量十分龐大。光是在德國，就有超過一千二百萬台爐灶與燃芯暖爐，等於說全部伐木中有超過一半都被拿來生火了；如此眾多的「篝火」在人類史上可說是前所未有。

煙是一種演化因素，從古至今，都導致了提早的死亡，在過去的幾千年中，應該也會留下一些遺傳的痕跡。情況確實如此。珀杜與同事發現了一個讓我們有別於尼安德塔人與丹尼索瓦人的基因片段，那就是所謂的芳香烴受體基因：能防止環境中的化學物質（包括煙中所含有的化學物質）的有害影響；根據分子類型的不同，幫助現代人降低了高達近千倍的毒性危害。

那尼安德塔人呢？他們的大腦也受益於用火烹煮後，才能確實被分解與消化的熟食，他們的大腦有些甚至比現代人的大腦還大。不過，有些研究人員猜測，由於家中經常充滿煙燻味的緣故，他們的壽命不如智人那麼長，也許正因如此，尼安德塔人才在某時某刻滅絕。然而話又說回來，這些早期人類搞不好早已發展出其他能妥善應付火與煙的機制。[32]

我自己其實並不關心尼安德塔人為何會滅絕的問題；如果仔細觀察的話，這根本也不成問題。畢竟，在我們身上也存在著若干尼安德塔人的基因，所以尼安德塔人其實只是「化為」現代人。

憑藉這些研究成果，我們所要探究的其實是，我們與火／木材／樹木的淵源，在多大的程度上固定於基因中，以致迄今我們依然感受得到。人體至少仍然存在一定程度的對煙「免疫」：唯有如此，才能解釋相較於過去的任何時候，香菸的煙對人體並未造成更顯著的健康危害。

不過，人樹之間的連結並非總是正面。森林火災就是這種關係的一個特殊變體，它可不是與自然打交道的友好方式。藉助此法，我們的祖先可以不費吹灰之力就理出一大片土地。時至今日，在亞洲與拉丁美洲依然藉此來獲得大面積的農業用地。然而，在人類祖先點起火光的至少一百五十萬年裡，曾無數次意外引發野火燎原。

經常可在報導中看到，認為森林火災是種自然現象的論點，這種說法或許並非全然錯誤，但在美西與俄羅斯日益頻繁的森林大火，肯定不符合生態系統的利益。我們的原生落葉林實際上無法自燃，但北方的針葉林則容易許多——它們的樹幹、針葉與樹皮充滿了樹脂與其他的易燃物質，就好比天乾物燥夏日裡的汽油桶。

然而，有哪棵樹會喜歡自焚呢？完整的針葉林在苔蘚、地衣、枯木與腐殖質裡儲藏了大量的水，都可以消弭火災。此外，雷電是引發森林火災的主要自然原因，不過通常都會伴隨猛烈的暴雨，讓火勢在方興未艾時就被撲滅。如果是在乾燥情況下所引發的火災，從過去到現在，都是人為的居多。

即使火——間接也包括柴火——在人類身上留下了遺傳的痕跡，但這對尋找人樹連結而言，還是太過薄弱。至少，要是能找到某些可進一步鞏固人樹關係的事物，那就太好了。因此，以下我想探究一個非常棘手的領域，那就是：電場。

截至目前為止，我都不願深究這個領域，因為這整件事乍聽之下有點怪力亂神的味道。對我來說，樹木周圍的電場聽起來就像在許多情況下會散發出的神祕光芒，例如當樹木想清楚向我們傳達某些訊息、想真正與我們對話，抑或是想將它們的能量提供給我們——如果樹木願意的話。

至少，在獲悉樹木電場的最新研究之後，電場對我來說已然脫離了祕教領域。我敢肯定，你很快也會有同感。

樹木周圍的電場究竟如何產生？
某種我們能藉以與樹木交流的神祕光環，
是否確實存在？

11 帶電的樹

若想探究樹木周圍的電場，蜘蛛能助我們一臂之力，英格蘭布里斯托大學（University of Bristol）的生物學家艾莉卡・莫利（Erica Morley）顯然就是這麼想。她研究了蜘蛛的一種稱為「空飄」（ballooning）的移動方式：蜘蛛先向空中發射一根長絲，再讓自己被它帶走；這招對在夏末時大量現身的輕盈小型幼蟲特別有效。蜘蛛的銀絲在暖和的午後飄散於空中，德國人遂產生了「老太太的夏天」（Altweibersommer）的說法，用來形容殘暑初秋之時，因為這些絲線看起來就像老太太的銀灰色長髮（至少從前的人是這麼認為）。

不過，蜘蛛究竟是如何單憑一根絲線飛行呢？很簡單，風會吹送如羽毛般輕盈的絲線，懸在其末端的蜘蛛也會跟著被帶走，這是迄今為止流行的理論。但艾莉卡・莫利卻發現，若是出發點始於樹枝或樹葉，就還得憑藉其他的力量，光靠一陣微風遠遠不夠——蜘蛛將絲線從腹部高速射出，若這些絲線沒能迅速被風吹走，可能就會糾纏在一起。此外，蜘蛛也不會在高風速下飛行。

有些科學家則以熱過程來解釋，例如當天氣溫暖時，陽光會讓地面的空氣加熱增溫，從而氣流會上升。然而，就算是在陰雨天，在熱空氣流動幾乎毫無作用的情況下，「空飄」還是會發生。此外，還必須要有較高的向上初始速度，藉以讓蜘蛛可以從樹枝上起飛，否則牠們會在微風吹過前就沉到地面。

解決之道就是可移動小型物體的靜電荷；不妨想想以合成纖維製成的機能衣，當我們把衣服從頭部往上拉起脫掉時，有時會劈啪作響（在黑暗中甚至可以見到一些小閃光）。之後如果去照照鏡子，就會看到有幾根髮梢豎起於空中。這種現象同時解釋了兩件事：首先，如果這類電場有某種作用，且受到積極運用，那麼蜘蛛必然能察覺並加以順應。對此還有什麼會比毛髮更有幫助的呢？正如莫利的發現，這正是蜘蛛所藉助的。為此，她將這些小傢伙放入帶有可通電的金屬底壓克力玻璃盒裡，藉此在盒子的底部和頂部間形成電壓差。容器的中間則放入了一根不導電的硬紙板條；待在紙板條上的蜘蛛透過自己的體毛就能感受到，頂部和底部之間的電壓愈來愈大，這樣的電場會造成牠們的毛髮豎起。一旦發生這種情況，蜘蛛就會抬起腹部，讓一條絲線升起，繼而在玻璃盒內起飛。[33]

靜電力當然不是促使蜘蛛飛翔的唯一力量；風同樣也扮演了要角。不過，特別是在平靜無風的日子裡，要從樹幹上起飛，靜電現象顯然幫了大忙，正如莫利的實驗所證明的：蜘蛛能憑藉自身對電荷差異的反應能力起飛。

然而，這裡浮現了第二個問題：樹木周圍的電場究竟如何產生？某種我們能藉以與樹木交流的神祕光環，是否確實存在？

對這個問題的解釋既簡單、又複雜。前面提到力量的成因是大氣中的電氣過程，這早在兩個多世紀前，就已為人類所知。電離層（ionosphere）是地球外圍始於距離地表八十公里高之處、帶正電的一層，地球表面則是帶負電。兩者之間有著超過二十萬伏特的差距。隨著離地距離的增加，電荷差異也會增加，而且會大幅增加。舉例來說，在晴朗的天氣下，地面上方最初幾米高之處的電壓差為每公尺一百到三百伏特！[34]在雷雨雲現身時，電壓差甚至可以升高到每公尺數千伏特。

儘管如此，由於人體能導電，所以我們頭部周圍的電壓不會高於腳部。大家肯定都碰過這種情況：當觸碰到車門把手或塑膠製的戶外家具時，突然遭受一陣短暫的電擊。在此過程中，我們透過自己的身體平衡了被觸碰的物體與地面之間的電壓，自己則保持無電壓，而且始終有著與地面相同的數值。相反地，這意味頭部附近的空氣具有較高的電壓；空氣的導電性很差，而且會長時間保持電壓。至於樹呢，由於樹木多半很高，這種差異當然要大得多。根據艾莉卡．莫利的說法，以橡樹為例，環境空氣與樹梢之間的電壓差會大於每公尺兩千伏特，還會出現發光現象。

是時候回到人樹之間在電氣層面上可能的交互作用了。我們在這樣的場域中，以類似的方式對天氣變化等做出反應，這難道不算交流嗎？科學業已證明，動物不僅能感知這樣的場域，還會主動加以利用。

同樣是布里斯托大學，多明尼克．克拉克（Dominic Clarke）領導的研究團隊研究了熊蜂（*Bombus*）。在尋找花朵時，這類昆蟲會憑藉各式各樣的特徵來定向，例如顏色、形狀或氣味。這種感官的大雜燴也意味某種交流的形式——開花植物之所以做這些事，只是為了向授粉昆蟲發出信號，要牠們來此採蜜（然後順便將花粉運走）。至今為止，對這些信號，科學家一直專注於人類也能好好感知的一切，主要就是視覺、嗅覺與味覺等等。不過，至少對熊蜂而言，這還不是全部。因為就連花朵也會被電場包圍，只不過由於開花植物多半較小，電場自然不如樹木明顯。但小型的飛行者卻能輕鬆感知到，因為牠們帶正電（藉由在飛行中身體部位的摩擦），而花朵則帶負電。電荷的差異還具有另一種作用：一旦熊蜂落在花朵上，熊蜂（正）與花朵（負）的電荷就會平衡。這十分有益於其他的熊蜂。授粉了的花通常會改變顏色、形狀或氣味，但這可能需要幾分鐘到幾小時的時間；而電荷的變化卻會立即發生，能告知其他的熊蜂，這裡的食物已經所剩無幾。

為了證明，克拉克及研究團隊製造了帶電的人造花，上頭備有少量作為獎勵的糖分，至於沒有帶電的花朵則備有苦味的奎寧溶液。結果顯示，儘管人造花在視覺上無從分辨，但熊蜂卻明顯更為頻繁地會飛到帶電的花朵上。[35]

至於蜜蜂，我們可以看到，牠們會把這種現象用在傳遞資訊上。在探尋完花朵返家之後，蜜蜂會在蜂巢裡的其他蜜蜂之間跳起一陣搖擺舞，此時同伴的觸角，一如我們的髮梢，會被動地對這種電荷差異有所反應。由於這些觸角是能感知刺激的感應器，因此能代表某種電子的交流方式。[36]

只要環顧動物界，就能發現其他具有感知電場能力的物種：魚類的皮膚裡就有所謂的側線器官，甚至能感應地球的磁場，並幫助魚類定位。然而，不單只有這樣。鯊魚還能藉助不同的電荷來識別獵物，僅僅只需幾奈伏（亦即十億分之一伏特！）的電壓差就已足夠。還記得嗎？橡樹的樹枝頂端能有數千伏特的電壓差。

除此以外，就演化史而言，我們已經距離人類更近了一步；畢竟，魚類和我們都是脊椎動物，但牠們與鳥類更接近，因為鳥類也能感知地球的磁場。信鴿就能憑藉這些看不見的線來定位——如果用電場干擾鳥類，至少在短時間內會影響牠們的定向。在演化上，海豚算是我們的近親，一般認為與人猿一樣聰明。直到二十一世紀，人們才發現海豚和鯊魚一樣，也能感應到電壓差，或許同樣藉此追蹤獵物。

現在輪到我們了。人類為何要感知電壓？或者，反過來問，為什麼不要呢？畢竟，人體也是個電控結構，電流不斷在其中流動。每段在神經系統中一閃而過的資訊，每個在大腦中形成的想法，都是透過電流脈衝來傳輸，只不過，它們的電壓差十分微弱，只有十分之一伏特而已。這意味人類必然對較強的電流非常敏感，因為相對地，適用於弱電流的系統應該很容易遭受破壞。談到這裡，我們也踏入了「電磁輻射與健康」的爭議之中。

人體會感應電場，如今已是毫無爭議。根據歐盟的規定，德國聯邦輻射防護辦公室（Bundesamt für Strahlenschutz）所提出的官方極限容許值為每公尺五千伏特。這個數值雖然高於在樹梢測得的峰值，但這並非事情的全貌。官方的極限值通常有點高，這也就是為何某些國家會對其進行修訂。例如，拉脫維亞住宅建築的極限容許值被降至五百伏特，波蘭則降至一千伏特。因此，我們處在於自然中也能遇到的情況的範圍裡。

然而，官方的數值適用於電流傳導與連續負載，卻不適用於在會造成自然電荷的特殊天氣條件下的峰值。這裡也完全無關帶電的樹枝可能造成的負擔，而關乎我們是否確實能感知某種東西。因為，如果持續性的較高電荷會引發健康問題，那麼人體應該能注意到它們——至少在細胞的層面上可以，誠如加州大學研究團隊所發現的那樣。他們研究了皮膚細胞，發現其會像感電細胞一樣做出反應，且在傷口癒合期間，還會根據弱電場來定向。在這樣的場域中，細胞液（聚合物）的成分會聚集在顯示為負電荷的側壁上。[37]體外的電荷會干擾人體內的過程，這點可確定已獲得證實。不過，更耐人尋味的是，我們是否也會有意識地感知到這些。可惜至今仍缺乏這方面的佐證。

電磁波過敏症（electrosensitivity）是條可能的線索。這個主題涉及那些自認因為感應電磁場而健康受損的人群，無論如何，根據德國聯邦輻射防護辦公室的說法，至少有百分之二的德國民眾受此影響。截至目前為止，雖然針對這項主題已有許多研究，但依然未能看出明確的因果關係。此外，電磁場還會造成輻射，根據來源的不同，輻射會以不同的頻率呈現：手機通訊、廣播與電視的媒介，這些大家應該多少了解。它們肯定會影響電器，畢竟這就是它們的用途。然而，由於輻射的行進鮮少是針對性的，其實它們（例如無線電發射器）大多就像一塊石頭扔進水裡那樣，會產生傳往所有方向的波環。你我每秒都會為無數的無線電訊號所波及。不過，根據官方的說法，這些訊號十分微弱，既不會傷害人體，也不會為人所察覺。這樣的說法有爭議的空間。

別擔心，我們並不會彎入一條死胡同。因為電磁場是電荷的兄弟姊妹；順道一提，電荷也會對電器造成強烈的影響。舉例來說，當走在合成纖維地毯上時，讓自己摩擦生電，被觸碰到的計算機電路板的電子零件可能會因而毀損。因此，在這類零件的包裝裡總會提示，在觸摸前請先接地，也就是說，可以先去摸一下金屬材質的暖氣片，藉以放電。

談到這裡，手機通話時的電磁輻射也是個令人擔憂的議題。畢竟，為此我們得將手機貼近頭部，而且，在通話的過程中，手機也必須發射出足夠的輻射，才能抵達最近的無線電天線桿。這也就是為何，在評估上一向比較保守的德國聯邦輻射防護辦公室會建議，在有疑義時請使用座機電話，此外用手機通話時盡量長話短說，或是立即改為發送簡訊，這樣就無須將手機放在大腦附近。[38]這聽起來完全無法令人安心，主要是因為電對神經系統的影響根本不重要。極限值的基礎其實是鄰近組織的加熱，這種反應會令人聯想到微波。說明白一點就是：手機的輻射是否會強到，致使大腦被煮熟或至少蒙受熱損害？

目前尚無任何官方的說法表明，這種輻射會致癌；不過，有些重要的問題顯然被忽略了。因為如果一個像我們的神經那樣建構的、微妙平衡的系統是在微弱的電信號下運作，那麼，官方所准許的強力電場生成器（例如手機），又會對人體自身的、會導致大腦升溫的資料傳輸造成怎樣的影響？

不過，我並不打算進一步探究輻射對健康的影響，無論是對人類、抑或是對樹木的；即便證據薄弱，也有跡象顯示樹木會受到影響。

所以，且讓我們回到與樹木及其電場的直接接觸上。前面有提過，人類可以感覺得到放電。當觸碰到帶電的車門把手或塑膠製的戶外家具時，會發出一聲短促的「劈啪！」，隨之而來的是一陣劇烈的疼痛感，這顯示人體具有怎樣的感知能力。問題只在於，多大的電壓是可感知的極限，還有，這個極限能否藉由訓練來改變。

電壓差至少要到兩千伏特，我們才能明顯感知皮膚上的放電，若真的遭遇此狀況，我們應該已經處於橡樹樹梢所測得的數值範圍裡。問題是，若想到達樹枝的頂端，還得先爬到樹上，而要想上樹，當然會從地面出發；如此一來，我們就會像樹木本身一樣放電，因為是透過自己的雙腳接地。不，我們得像熊蜂一樣出發，換言之，不與地面接觸，例如在一個鋪有橡膠墊的升降平台上，橡膠墊能將雙腳與金屬結構隔離。然後還得在特別乾燥的天氣下，當靜電荷達到其頂點時，如果我們與某個樹頂接觸，應該會遭受一個小小的電擊。但到底有誰會這麼做呢？

為了要以某種形式與樹木交流，我們當然會走入森林，也許擁抱一下某棵樹幹，藉以感受些什麼。但由於兩個物體都通過地面接地，所以完全沒有電壓差。儘管如此，在理論上，倒還有一種機會可參與樹木的電壓場。為此，且讓我們再回到頭髮上：由於頭髮的導電性很差（只要不是太油或太濕），在充電時會從頭部豎起——但如果人體有接地，頭髮就不見得會如此。

如果蜘蛛能用自身的毛對圍繞樹木的電壓場做出反應，如果蜘蛛絲會類似頭髮那樣彈起，為何這一套就不能也在我們身上起作用？如同在從頭往上脫下時劈啪作響的機能衣，或是在與經摩擦而帶電的氣球接觸時，擁有一頭長髮的人對樹木可能也有類似的經驗，那就是：頭髮豎起。

遺憾的是，截稿時正值冬末，所以我無法親自嘗試。樹木在呼呼大睡，從而也大幅降低了地上器官內部的含水量。不過，到了明年夏天，我絕對會做個嘗試。也許把我的妻子送到樹上會更好，畢竟她的頭髮比較長……

血液之於人類，
正如水之於樹木。

12 樹木也有心跳？

當我們擁抱一棵樹，沒有任何電氣作用發生——因為我們和樹木具有相同的電壓，這是截至目前為止可以確定的。樹木難道不能至少以其他某種方式，來感知人類的觸碰嗎？這可能發生在幼樹身上：藉由一種稱為「向觸性形態發育」（thigmomorphogenesis）的現象，即植物在被觸摸後，生長會變得較為緩慢。舉例來說，只要每天撫摸自己種植的番茄幾分鐘，就會造成這種現象：減緩增高，形成較粗的莖軸。[39]

不過，這並非什麼愛的證明，可能僅僅只是對所謂的風力荷載的反應。也就是說，風在植物身上引發了相同的行為模式：較低的高度能降低風作用在根部的槓桿力，此外，較粗的莖也更有益於穩定番茄株。這當然也適用於動物擦身而過時所造成的活動，因為較不穩固的植物便容易因此曲折。因此，番茄或其他小型的樹木很有可能在它們的遺傳清單中，載有對這種接觸（不僅僅是對風）的反應。

如果曾有「受到撫摸的植物更健康」的經驗，請不要受此迷惑。科學家發現，被如此觸碰的受試樣本會產生更多的茉莉酸（jasmonic acid）。這種酸不僅會改變高度的增長，還會刺激植物，促使莖條變粗，讓植物更加穩固。[40]特別是太少受到光線照射的室內植栽，往往會有根單薄、不穩固的主幹，這種現象就更明顯。

如果期待擁抱一棵樹後能獲得正面的回應，那麼以上這些資訊肯定令人大失所望。因為，前述的反應其實只是某種防禦策略，用來對抗不利於植物的外部影響。此外，如果樹木得要從中察覺些什麼，必然要能感受壓力，應該要能感受到圍住其樹皮的手臂。一定程度的壓力敏感度確實是有，只不過範圍、大小不盡相同。舉例來說，如果有棵相鄰的樹木或有根金屬柱壓在某棵樹的樹幹上，這棵樹就會開始繞過障礙物生長。不過，所施加的力必須很大，尤其還要持久——人類的擁抱無法滿足這兩個因素。特別是大型樹木，還具備厚實樹皮，這些樹皮在較外圍的區域裡僅由死去的細胞組成，因此所能有的感覺，恐怕和我們的頭髮差不了太多。

相反地，我們倒是能在另一個完全不同的區域找到很多感覺，那就是樹根：樹木會利用具有類似大腦結構的根尖在地底延伸，根尖會觸碰、品嘗、檢查並決定，往哪與如何繼續前行。譬如說有塊石頭擋住了路，感知構造就會察覺到它，從而另闢蹊徑。因此，愛樹者所尋覓的觸感不是在樹幹上，而是在土地裡。如果聯繫能成功，那麼樹根該是第一個位址。此外，樹根還有其他的優點，不僅相對易達，而且有別於樹在地面上的部位，它們連在冬日裡也一樣活躍。只不過，樹根既不喜歡壓力、也不喜歡新鮮空氣；所以，硬把那些脆弱的構造從地下掘出來沒有什麼意義，因為光在陽光下待上十分鐘，就宣告了樹根組織的死亡。

不過，最新的科學知識倒還有其他可供參考的建議，例如樹木的脈搏。脈搏？樹木當然沒有人類的這種心臟，但也需要類似的東西，否則樹木體內最重要的一些流程便無法運作。

血液之於人類，正如水之於樹木。關於如何將水運上樹冠，我已提過許多次，然而，這一切究竟是如何發生的，迄今仍是未解之謎。目前最為流行的理論，說什麼濕氣透過蒸騰作用到達頂部分支，根本就說不通。根據這項理論，水分從葉片蒸發，在樹幹裡造成一股低壓，這股低壓接著再從根部或土壤裡抽取水分；此說法不合理的地方在於，落葉樹的樹幹裡最高的水壓出現在早春，而此時樹上連一片綠葉都沒有，所以也沒有任何東西可供蒸發。其他的解釋，像是滲透作用、毛細力等等，同樣也說不通。因此，我們迄今依然對此問題茫然無緒，或者該說是一籌莫展。不過，任職於匈牙利蒂豪尼（Tihany）巴拉頓湖沼學研究所（Balaton Limnological Institute）的安德拉斯·茲林斯基（András Zlinszky）博士，倒是讓這個幽暗的謎團露出一絲曙光。早在幾年前，他就和來自芬蘭和奧地利的同事一起觀察到，樺樹會在夜間休息：科學家在無風的夜晚裡用雷射測量樺樹，發現樹枝下垂達十公分；而隨著太陽升起，樺樹會再度甦醒，研究人員便稱此為樹木真正的睡眠行為。[41]

這項發現顯然讓安德拉斯·茲林斯基大為振奮，因為他又繼續與同僚安德斯·巴弗德（Anders Barfod）研究了另外二十二種不同的樹木。他再次發現到樹枝的起伏，只是節奏會有所不同；樹枝不僅會在晝夜變化時發生起伏，每三到四個小時，也會有所起伏。採取這種策略的原因會是什麼呢？科學家把目光聚焦於水的運輸上——樹木會在這些時間間隔裡進行泵水運動，這合乎邏輯嗎？畢竟，其他的研究人員在此之前已經確定，樹幹的直徑會定期縮小零點零五公釐，藉以再次擴大。科學家是否發現了某種脈搏的蹤跡，其會藉由收縮將水逐步向上推送？這是不是一種緩慢到我們迄今都未曾察覺的樹木脈搏呢？茲林斯基與巴弗德提出了這種假設，作為對自身觀察的合理解釋，從而也將樹木往動物界推了一步。[42]

遺憾的是，每三、四小時一次的脈搏跳動實在太慢，即便是最最敏感的人，在擁抱樹木時也不可能感受到，因此我們在這裡也不會發現任何可感知的樹木信號。

接下來，我想再仔細觀察一下與樹木聯繫的最後一種可能，那就是：我們的聲音。這是人類最重要的溝通工具，有不少人會嘗試與樹木或自己所栽種的室內植株交談。「嘗試」是什麼意思？意思就是：他們這麼做，而且期望植物能以某種方式回應。此外，也有一些葡萄農會在果園裡播放各式各樣的音樂，而且認為自己知道，哪一種音樂類型有助提高葡萄的產量。

在所有這一切的背後，是否存在真相的核心——植物究竟能否聆聽？對後面那個問題，我可以大聲地回答：「能！」早在幾年前，研究人員就對阿拉伯芥（*Arabidopsis thaliana*）做過這方面的實驗。阿拉伯芥易保存、繁殖快的特性，再加上這種本土藥草的基因一目瞭然，因而大受研究人員歡迎。研究結果顯示：阿拉伯芥的根部會依循頻率為兩百赫茲的敲擊聲定向，並朝相應的方向生長，同時也能產生如摩斯電碼般運作的聲響。[43]

西澳大學（University of Western Australia）的莫妮卡・加利雅諾（Monica Gagliano）發現，豌豆可用根部聽到在地底下流淌的水，為此在土地裡埋了三根管子：第一根管子裡只有錄音帶播放出的沙沙聲、第二根管子裡有實際的水流、第三根管子裡則有人為的流水聲——受試植物並未受到愚弄，只會扎根於真正的水上；但如果它們不渴，就不會表現出任何活動。然而，這真的算是聆聽嗎？加利雅諾及其團隊認為，在這種情況下，根部應該確實有受到潺潺聲響的刺激，這也正是他們所觀察到的。[44]

植物（從而也包括樹木）是聽得到的。正如人類，它們也會針對性地運用自己的能力。就像我們之所以很少聽到超音波，是因為我們並不需要，植物同樣也只會去傾聽那些對它們來說重要的事物，例如地下的流水。然而，前面所提到的，那些播放古典樂來刺激葡萄生長的報導，該怎麼解釋？那些和樹木說話的經驗談，又該怎麼說？如果冷靜地進行科學觀察，那麼根部的聽覺能力對此恐怕毫無貢獻，因為它們是埋在地下的，所以相對受到了良好的隔音。因此，我們必須環顧其上的區域，仔細審視樹幹、枝條與葉片，可有任何對聽覺有反應的跡象嗎？

為此，西德廣播公司（WDR）的一個團隊在利希研究中心（Forschungszentrum Jülich），讓向日葵持續數日暴露於不同的聲響下，其中也包括了古典音樂。結果顯示：暴露於不同聲響下的植物之間，並無任何生長差異。[45]所以，地面上的部分對聲響毫無反應嗎？倒不必如此驟下結論。也許音樂是錯誤的切入點——應該尋找對植物來說真正重要的聲響。

譬如說毛毛蟲的啃咬聲，又會如何呢？這對綠色植物來說，意味某種致命的危險。這正是美國密蘇里大學（University of Missouri）所研究的主題：研究人員將毛毛蟲置於阿拉伯芥的樣本上，藉助微小的雷射反射鏡探得同樣也讓莖有所震動的那些微小波動。如果研究人員利用這些波動去欺騙其他未受蟲害的受試植物，它們就會產生出在遭受攻擊時，會特別大量產出的防禦物質。相反地，對相同頻率的風聲或其他聲響，受試植物則是「無動於衷」。

所以阿拉伯芥是聽得見的，這也完全有道理可循。透過聲音的警告，甚至可以在一定距離外提前察覺危險，進而做好相應的準備。[46]特別重要的是：它們會忽略不會構成威脅的聲響——這可能包括了人類的言語，還有各種不同類型的音樂。真可惜！要不然，那些報導農作物能欣賞古典樂和搖滾樂的新聞，其實還挺美妙的。

不過，在音樂中是否存在著近似毛毛蟲啃咬的部分，倒是有待釐清。如果真是這樣，那麼這種事情或許就能說得通了；不過，如此一來，莫扎特的音樂就不是被植物所欣賞，而只是遭到誤解罷了！

我完全可以理解與樹木交流的必要性。坐在這些龐然大物底下，撫摸著樹皮，安全感倍增；如果對於我們的存在、甚或我們的觸碰，樹木能有什麼主動或被動的回應，那麼這一切就都圓滿了。我不會否認，這種事情是可能的；只不過，至少保守的科學，迄今對此尚無證據。

不過，即使這是事物的最終狀態，難道一定非得要有個回應不可嗎？難道不會是，人類與樹木活在完全不同的世界裡？畢竟，在樹木存在於地球上的那些年年歲歲中，我們人類存在的時間僅僅只占了百分之零點一。

雖然樹木顯然對所有的這一切無感，但反過來說，在人體裡卻肯定會有某種反應；關於這點，我將在後頭進一步的說明。就目前的情況來說，如果我們在與樹木接觸時能有良好的感覺，而且，在最好的情況下，能讓樹木好好過著它們的野生生活，這暫時也就足夠了。

藉助國際貿易與跨國旅遊，
物種每天都在全球各地交流，
促使各地的生態重新洗牌。

13 蚯蚓旅行去

如果回頭去看過往的幾千年，肯定不會在祖先中看到林務員的身影。當時沒有人會對林業感興趣，儘管如此，人類仍然持續不斷對森林的樣貌造成劇烈的影響。只不過，大部分的影響都是間接地透過動物界。在岔題去說明蚯蚓（是的，蚯蚓改變了森林）之類的小小生物伙伴前，我想再聊一聊哺乳動物。

在多數的情況下，樹木可以完全不需要四足動物，長達幾億年的漫漫時光中，哺乳類都不曾出現在樹木的計畫中。畢竟，直到六千六百萬年前恐龍滅絕之後，四足動物才開始邁向牠們的勝利之路，並催生了連枝葉都吃乾抹淨的大型食草動物。從那時起，哺乳類與樹木之間便發生了交互作用，這也適用於我們自己這個物種。由於人類的祖先已會砍柴，所以人樹之間共同的歷史同樣十分古老。這點之所以重要，是因為北半球的森林相對較為年輕；這與最後一個冰河期有關，或者更確切地說，與最後一個亞冰期的結束有關。因為，冰河期意味極地冰蓋結凍了，這個狀態持續至今，所以直到如今我們依然處於這個冰河期的中間。冰河期裡的波動稱為亞冰期或間冰期，歐洲的最近一個亞冰期結束於距今大約一萬年前，根據地區的差異，結束時間略有不同。

一旦厚達數千公尺的大冰塊擦過某處的地面，當地就沒有較為高等的生命可以存活。冰塊融化後，剩下的只有沙子與碎石，得先費上一番功夫才能再次綠化。即使在冰沒有挺進的區域裡，溫度還是很低，所以冬季也十分漫長，以至樹木根本不可能生長。唯有地衣、苔蘚與矮灌木讓猛瑪象與馴鹿得以生存。

冰退了，樹木則從南方避難所返回。回歸的當然不是屈服於冰河時期的個別樹木，而是它們的後代——那些樹木的種子經鳥類運至南方，從而也讓所屬群體得以倖存。

一年又一年、一公里又一公里，森林持續向北接替消退的冰；與此同時，這些場景中也開始出現人類的蹤影。人類活躍於大陸上已有數萬年的歷史，其中也包括了在冰河期之中與之後不久，這些人不是農夫，而是辛勤狩獵的獵人，再加上大型的草食動物。

哺乳動物在這段寒冷期間裡的滅絕浪潮，是否確實是人類所致，科學家對此雖然未完全達成共識，但倒是有許多的跡象顯示，我們的祖先深涉其中。就這樣，在距今一萬多年前，巨大的猛瑪象絕跡於歐洲，長毛犀牛和其他許多大型草食動物也消失了。地球上的其他地方也發生了同樣的事情：冰河消融、人類登場。在北美，除了猛瑪象以外，最後的野馬與駱駝同樣消失殆盡。

回歸的橡樹與山毛櫸獲得了我們祖先真正的匡助：大多數樹種的幼苗都是草食動物喜愛的食物，這點至今仍被用於荒原的保留上。當地在自然的狀態下，應該會長成茂密森林，但法令排除了這種情況——工業革命之前農業景觀的浪漫風光應該加以保留，於是人們把羊群趕進去，讓牠們去做從前野馬或野牛會做的事情：吃光山毛櫸和其他樹木的樹苗，從而防止了重新造林。

如果我們的祖先對肉類沒有興趣，那麼北半球的大片區域可能就會是這副光景。如今的獵人據此推斷，破壞森林的大型草食動物完全是屬於中歐這個地帶的自然，因此如若沒有人類的話，就不會有廣袤、完整的落葉林，中歐的景觀將更傾向於熱帶草原。然而，我認為這樣的推論未免過於短視：我們那些手持長矛的祖先，難道就不屬於自然嗎？過去十萬年的自然，真的有可能完全沒有人類嗎？這個問題肯定會很棘手，因為如果我們的答案是否定的，等於把人類今日的存在及對環境的影響視為某種自然現象。我把界線劃在人類主動改變所處環境之時，也就是開始從事農耕的時候；這種經過人為規劃的景觀絕對不再是自然，正如大量劃為林業用途的森林一樣。在距今一萬年前，根本談不上有農業和林業。

森林的其他意外變化發生得也很晚，同樣也是藉由其族群對人類造成影響的動物。只不過，在這個情況中，所關乎的不是狩獵和族群的減少，恰恰相反。只是這些動物明顯小了許多，而且也不在我們的食物清單裡。我所要說的就是：蚯蚓。在人類的眼中，牠們的形象完美：會吃掉死去的有機物（主要是樹葉與植物的殘骸）來改善土壤。由於牠們總會同時將少許的泥土放入嘴裡，所以從腸道排出的，就是由蚯蚓糞便與礦物質所組成的、肥沃的混合物。這種呈碎粒狀的土壤可以完美儲存水分，同時還是許多微生物的棲息地。被蚯蚓所鑽出、沾有其黏液的通道可讓土地通風，更可促使暴雨之下的大水順利滲入土壤。對園丁來說，蚯蚓更被視為吉祥物，只要是獲得悉心照料的菜圃，底下肯定都有大量的蚯蚓小幫手。

然而，北美的情況卻是截然不同，蚯蚓不僅破壞了大片森林，甚至使許多動植物的生命受到威脅。怎麼會這樣呢？

特別是北方的森林，在歷經最近一個冰河期後，便不再有蚯蚓駐紮，於是這些土壤動物便缺席了此地生態系統的重建。由半腐敗落葉所構成的鬆軟地層，便是此處的特色之一，當有許多適應這種環境的細菌、真菌和蟎蟲活動著。歐洲的入侵者吞噬這肥厚的一層後，不單只有小型土壤動物的生存基礎遭到剝奪，就連依賴這種「森林堆肥」的植物也消失了。此外，蚯蚓不僅會吃死去的物質，還會吃種子和幼苗。長期下來，森林究竟會發生怎樣的變化，目前猶未可知，因為這樣的入侵才剛剛開始。不過，可以確定的是，在土壤的生態有著如此翻天覆地的變化下，森林也必將發生變化。

那麼，蚯蚓又是如何旅行至此的呢？很簡單，在幾個世紀前，移民將植物帶往新大陸時，牠們就藏在那些植物根部的土壤中。這甚至不必由蚯蚓親自前來，是的，只要有牠們那極具韌性的卵就夠了。如今，垂釣者也加入其中，歐洲的蚯蚓是相當受歡迎的活餌，未派上用場的就會被放生，從此注入當地植物的生態中；而且因為北美並無本土的蚯蚓，土壤裡也沒有什麼分配之爭，所以這群歐洲來的蚯蚓從此在北美過著愜意的生活。不過，如今每個大陸上都存在這個問題，想想超市裡販售的便宜室內盆栽，蚯蚓只要待在花盆裡，就能舒舒服服地從中國旅行到歐洲。如果所到之處的生態系統已有蚯蚓占據，那麼新來的就難以站穩腳跟，甚或會引發巨變。並且，只要一地的地貌愈受干擾，例如愈多森林遭到砍伐並轉化為農田，入侵者就愈容易傳播。[47]

真菌的孢子比蚯蚓還小一號。基本上，外來的物種愈小，愈容易被引入；這是自從人類開始旅行以來，就存在的一種過程。微小的粒子附著在環球旅行者的腳後跟上，就這樣抵達它們原本到不了的地方。舉例來說，有一種原生於韓國的真菌，不知道是夾帶於出口的商品裡、還是附著在觀光客的鞋子上，其孢子居然出現在紐西蘭的北島。

在紐西蘭北島的懷波瓦森林（Waipoua Forest）裡，生長著許多高聳入雲的古老針葉樹，也就是貝殼杉（*Agathis*）。其中享有「森林之神」（Tāne Mahuta）美譽的，是當中最粗大的貝殼杉，直徑有近四點五公尺；它也十分高齡，矗立了至少有兩千年之久，只不過還能矗立多久，恐怕沒人說得準。因為入侵的韓國真菌正準備要吹熄那些紐西蘭巨木的生命之火；它們破壞了樹根，從而也破壞了整棵樹。遺憾的是，「樹醫生」也愛莫能助。

起初一切看起來都很好，由於只有少數貝殼杉森林平安躲過白人殖民者的毒手，二十世紀政府開始大力保護這些古木。從前歐洲人所看上的，不單只有木材，還有頗具價值的樹脂。過去紐西蘭的原住民毛利人（Māori）會利用死去的、富含樹脂的樹根來提取樹脂，並利用樹指來製做口香糖或用以紋身的顏料。但對殖民者來說，這樣的利益實在不夠塞牙縫，為了生產造船用的漆與膠，商人大肆刮劃樹木，導致樹木日益虛弱。

在合成顏料問世與從原油提煉松節油之前，樹脂可說是首選的原料，因此人們對這種天然產品的需求量也很大。再加上前景可期的造船業與鋸木業也來湊一腳，於是神木一根接一根應聲倒地。無論如何，最後的貝殼杉森林如今已受到保護——至少阻擋了人類主動的破壞行為。然而，除了我們以外，能造成危害的還有外來的真菌，它們有著冗贅的拉丁語名稱「*Phytophthora taxon agathis*」（疫黴菌），俗稱「貝殼杉壞死病」（Kauri dieback）。到了二〇〇八年，才發現這些外來真菌是侵襲樹木、並致使樹木枯萎的罪魁禍首。特別值得注意的是：樹木的感染是沿著漫步小徑蔓延開來，這些路徑有許多都是直接跨過樹根；彷彿嫌這樣還不夠糟，有關當局居然還試圖開闢更多登山步道與自行車車道，來促進觀光。護林員殷殷囑咐遊客把自己的鞋子清乾淨，但這樣的努力近乎天真，遊客往往漫不經心地略過清洗站，但即便有心加以使用，問題卻也很難因此緩解。真菌孢子的大小介於零點零零三至零點二毫米之間，堪比灰塵顆粒的大小。迫不及待想出發的遊客，怎麼可能會把他們的鞋子徹底清潔到，真的不會把任何東西帶進珍貴的森林？唯一有效的措施或許就是，不對遊客開放最後的貝殼杉森林；然而，因為擔心市政收入減少，奧克蘭等地的市政府都持反對意見。

近來世界各地都有類似的報導，差別只在於真菌與樹木的種類。目前，歐洲白蠟樹（*Fraxinus excelsior*）已面臨危急存亡之秋，罪魁禍首擬白膜盤菌（*Hymenoscyphus fraxineus*）甚至連德文名字都有了，字面意思是「偽白梗杯」（Falsches Weißes Stängelbecherchen）。擬白膜盤菌的孢子隨著國際貿易的貨物從東亞輸入，自千禧年之交後就大舉侵襲了白蠟樹，先經由葉子攻入嫩枝，接著再攻入木材。受侵襲的組織會壞死，最初先是較細的分枝，隨後整個樹冠也會跟著完全枯萎。

如今許多林務員忙於砍伐受到感染的樹木，此舉卻是徒勞無功，因為這種戰術根本無效：真菌是在去年落葉的葉脈上形成子實體，這些「小杯子」會在那裡散布孢子，希望孢子落在白蠟樹的新鮮綠葉上。

砍伐樹木是種絕望後的放手一搏，期盼至少能救下品質堪用的木材。某些同業連完全健康的樹幹也一起砍，因為他們已經徹底放棄白蠟樹林。而此舉更加速了白蠟樹的沒落，在每個林段裡，其實都能觀察到一小部分健康的或僅輕微感染的白蠟樹。如果保留這些比較健壯的樹木，它們便能繼續繁殖，後代又能重新形成健康的森林。然而，由於業者擔憂收成減少，再加上具有侵略性的「新移民」襲擊，白蠟樹便愈來愈少。

「金錢」與「真菌」前後夾擊，聽起來與紐西蘭的情況十分類似。森林的性質就此改變。因為這不單影響到個別的樹木，而是使得整個生命共同體失去了生存基礎。像是靠孢子才能區別、與擬白膜盤菌極為相似的「白梗杯」（白膜盤菌；*Hymenoscyphus albidus*）就這麼消失了。即便尚未察覺，白蠟海小蠹（*Hylesinus fraxini*）其實也是這場生存競賽的輸家——和所有的樹皮甲蟲（*Scolytinae*）一樣，牠們向來只會攻擊病弱的樹木，如今這類樹木簡直多不勝數。然而，如果歐洲白蠟樹日後消失殆盡，白蠟海小蠹恐怕也難逃陪葬的命運。

面對這類報導，我同樣感到良心不安。當我前往某些遙遠的森林，即使是為了協助當地的環境保護者，但我不也是小型生物的交通工具嗎？畢竟，無論去到哪，我都穿著同樣的登山鞋，而在返家後，絕對不可能擁有醫療消毒等級般的潔淨。況且，所涉及到的其實不單是真菌——這還只是無數微生物的代表；雖然肉眼看不見這些微生物，但它們對大型生態系統的運作至關重要。

以下紐約中央公園的例子就顯示出，我們對此有多無知。美國科羅拉多州立大學（Colorado State University）由凱利．拉米雷斯（Kelly Ramirez）領導的研究團隊，在中央公園每隔五十公尺就採集一個土壤樣本，並檢查其中是否含有細菌或類似的小生物。由於單憑顯微鏡幾乎無法分辨，所以研究團隊還用基因來分析。令研究團隊感到驚訝的是，當中居然發現了足足十二萬二千零八十一種細菌，大多都是未知的。[48]

好喔，那又怎樣，不過「只是」些細菌罷了！話雖如此，但物種在生態系統裡的重要性，卻是隨體型的減小而增加。地底下的微生物是食物鏈的第一階，就好比海洋裡的浮游生物。如果其中絕大多數至今都尚未為人所發現，更遑論對其進行研究，那麼想當然爾，我們對生態系統的了解有多薄弱。

令人氣惱的是，這些細菌很小，所以相較於真菌的孢子，更容易附著在鞋子上。藉助國際貿易與跨國旅遊，物種每天都在全球各地交流，促使各地的生態重新洗牌。

在為此感到良心不安前，且讓我聊表安慰：其實就連自然本身，也都在做這樣的事。長途旅行？是的，除了人類的航空公司以外，還有「動物」航空——長途飛行的候鳥。這些候鳥在出發前，當然不會先把自己的雙腳清潔乾淨。此外，還有另一種行為，讓就連較大型的生物也能長途旅行，那就是鳥兒的灰塵浴。鳥類喜歡用蓬鬆的羽毛揚起塵土與腐植質，當沙塵在羽毛間抖動，寄生蟲也會隨之被抖落。在這個過程中，不單是真菌孢子和細菌，能靠尾巴將自己高高彈起的彈尾蟲（*Collembola*）等土壤動物，也會一起附著在羽毛上——每平方公尺的林地，都有超過十萬隻的彈尾蟲在活動。此外還有一大堆其他的物種，例如甲蟎（*Oribatida*）或多毛蟲（*Polychaete*），這些小傢伙有時會迷途於鳥羽之間，然後隨著鳥類的遷徙而飛翔，並在鳥類抵達下一個目的地進行灰塵浴時再被卸下。

有時生態系統也會以這種方式完備，正如我在自己的林區裡所經驗到的那樣。我的學員曾在林區裡研究一片較老的雲杉林，以了解物種組成究竟如何變化：獨鐘山毛櫸的本土彈尾蟲不愛雲杉，因此幾乎不見牠們的影蹤。基本上應該如此，但針葉林中卻出現了適應針葉樹的物種，因此不可能是本土的；在自然狀態下，我們這裡只有原始落葉林。非本土彈尾蟲之所以出現的唯一解釋，就是透過鳥類的空運，而且這種空運甚至可以運送魚類。

就讀林業經濟系期間，我曾參觀黑森林的抽水蓄能電站，當地有個人工湖，湖水透過管道排入山谷，進而驅動渦輪機發電。每當輸電網路中的電力需求突然激增，當地人總會這麼做，而要是輸電網路中的電力過多，當地人就會利用部分電力將水抽回，藉此儲存能量。蓄水池時不時會被清空，負責人告訴我，這時會有大量的魚類湧現。但牠們究竟是如何進到湖中呢？很簡單，魚卵在偶然間被鴨子的羽毛給夾帶進去——鴨子發現可將湖泊作為棲息地，接著又在這個過程中卸下了那些「偷渡者」。

由此可見，不單只有人類會引入外來物種。只不過，有別於其他的動物，在貿易和旅行走向全球化的時代裡，我們提高了這種變化的速率，以至於自然無法迅速予以因應。全球貿易是此處的關鍵，。因為，自從一四九二年哥倫布航行到美洲以來，全球貿易的發展突飛猛進，所以從一四九二年起，新來的物種才被算做外來物種。

根據德國聯邦自然保護局（Bundesamt für Naturschutz）的報告，從那時起，已有近三千種植物、動物和真菌的物種落腳於此。[49]其中也包括刻意引進的物種，例如馬鈴薯、玉米和南瓜等，不過這些作物倒不會危害自然界，因為若缺乏人類在耕種上的支持，它們便無法在此生存。然而，卻有其他將近八百種的物種，情況完全不同：浣熊、貉或是西伯利亞花栗鼠（*Tamias sibiricus*）還只是動物界中三個相對比較無害的例子。前面我曾提過，附著在鞋子上的真菌孢子，還有隱藏在植物根部土壤裡的蚯蚓，在被帶至異地後，嚴重改變了當地的森林生態。所有的這一切在動物的遷徙下更是雪上加霜。雖說動物的遷徙有其自然的根源，但其之所以發生，仍歸咎於人類強烈改變了地貌。紅林蟻（*Formica rufa*）原本住在遙遠的北方或山區，之所以移居平地，是因為當地有培植的針葉林；特別擅於啄食毬果的紅交嘴雀（*Loxia curvirostra*）也在當地現身——牠們肯定不是本地山毛櫸林的好朋友。

歐洲與世界各地的生態系統眼下正經歷一場瘋狂大混合，結果如何尚未可知。一旦動植物非蓄意的全球旅行停止，某種形式的新自然將趨於穩定；只不過，那會是個怎樣的自然，今日誰也說不準。

且讓我們回過頭來看看大型草食動物。時至今日，牠們依然漫遊於森林裡，儘管體型不再如猛瑪象或長毛犀牛般巨大，其中包括狍鹿、鹿，以及新近的一些野牛和駝鹿等等。單單因為其龐大的數量，對森林的影響就與在遙遠的過去一樣強烈。據估計，在每平方公里的森林裡，就有近五十種動物棲息，這顯然遠多於從前活躍於原始森林裡的動物種類。後頭還會再來談談造成這種「人口爆炸」的原因，不過，我想先來聊聊狩獵這個主題。

一般認為，射殺動物是控制動物族群氾濫的手段之一。我得承認，自己長久以來也贊成這種方法。相關研究在在顯示，有蹄類野生動物數量若是過多，會帶來哪些災難性影響。有蹄類之名源自於牠們腳上的兩個角質蹄甲，獵人的行話則稱之為蹄殼，諸如野豬、鹿和狍鹿等，皆屬此類。特別是後兩者，尤令許多林務員擔憂不已，因為鹿和狍鹿喜歡樹木，從樹葉、樹枝到樹皮都會淪為盤中飧，而且受害的不止單一樹種。由於這些動物有自己偏好的食物，如橡樹、山毛櫸或楓樹等，至於松樹和雲杉之類的針葉樹，則不受牠們的青睞（尖尖的針葉讓它們躲過一劫）。於是，這些並非本土種的有蹄類野生動物大舉擴散，縱然山毛櫸和橡樹更適合在此生長，但因為經常遭受鹿或狍鹿的啃噬，所以最後到了某時某刻，它們終將輸掉這場生存競賽。

既然如此，乾脆就用幾顆子彈把生態天秤再度扳向對落葉木有利的一邊吧，還有什麼方法更快呢？至少這是我長期以來的所見所聞，曾幾何時我也大力贊成這種作法，儘管同時對此感到渾身不自在。畢竟，射殺動物非常殘忍，雖然人們會對執行過程再三保證，但有些動物只是受傷，並未當場死亡，接著就得承受數小時、甚或數日的傷重難耐。近來，我改變了主意，認為應該完全捨棄獵殺這種方法。說得更明白一些：這並不取決於狼！確實，有愈來愈多的狼與山貓等其他掠食者重返森林，牠們也對野豬、狍鹿與鹿等垂涎不已，然而，單單只靠牠們，卻無法力挽狂瀾。在狼群密度高的地帶狩獵的獵人，就是最好的人證。與恐懼相反，動物的競爭絲毫沒有造成武裝人員的獵物減少。「薩克森狼群聯絡處」（Kontaktbüro Wölfe in Sachsen）表示，在狼群歸來後，沒有任何野生動物族群的波動可歸因於這些灰毛獵客；根據此官方機構的統計資料，至少獵人的射殺數字沒有減少。[50]可見狼群既無法消滅野生動物族群，更不能對其進行基本調節。

若讀過我的《自然的奇妙網路》（*Das geheime Netzwerk der Natur*），讀者在這裡或許會有些困惑：我不是在那本書裡講述了美國黃石國家公園的奇妙案例嗎？在那裡，光是狼群的出現，就讓整個河川生態系統發生了正面的變化。在先前沒有狼群的幾十年裡，由於龐大的美洲赤鹿（*Cervus canadensis*）族群四處啃咬，生態遭受嚴重破壞。當那些灰毛獵客歸來後，鹿群被嚇壞了，並從此避開河岸，此後河岸又恢復了綠意，河狸與水鳥也跟著樹木一同回歸；這樣的成效完全也能在中歐重現。可以的，黃石公園是占地將近一萬平方公里的保護區，是幾乎不受人類干擾的完好生態系統，整個食物鏈建立在森林、湖泊、河流與幾片貧瘠的草原上，所能提供的食物決定了依賴其上的動物數量。缺乏森林管理的森林，土地是貧瘠的，在夏天裡只會長出幾種草或藥草；相應地，每平方公里可以養活的大型草食動物（例如美洲赤鹿）的數量也就少了許多。

但與黃石公園相反，中歐的地貌猶如一塊拼貼地毯，我們所謂的「森林」，實際上只是嵌在大型農地中的小片段。這些農地可能是生態沙漠，但卻為鹿、狍鹿與野豬供應了充沛的食物。穀物、玉米、油菜籽或馬鈴薯，對我們這些四隻腳的朋友來說，都是可口的珍饈佳餚。因此牠們可以舒舒服服地度過夏季，而此時正是牠們亟需能量來撫養幼獸的時節。到了冬季，牠們的需求會下降，鹿和狍鹿會打著盹兒節省能源度日。儘管如此，牠們還是時不時地得吃點東西。這裡則有兩股人馬繼續大力幫忙，也就是獵人與林務員，兩方基本上是勢不兩立：林務員希望在幼樹不被啃噬的前提下，培植盡可能多的幼樹。因為，萬一頂部的嫩枝被獻給狍鹿的五臟廟，受損的幼樹雖然還是會長成大樹，卻不會成為富有價值的樹幹。也就是說，在頂部的嫩枝遭啃噬後，必然會有某個側邊的嫩枝接手主導地位，但它們卻往往無法好好完成這項重責大任，其結果就是彎曲的樹幹。這些樹幹雖然能順利執行它們的生態任務，但若是到了鋸木廠，只會讓人皺起眉頭，畢竟，彎曲的木材無法鋸出筆直的木板。

因此，政府的森林管理局對獵人施加了很大的壓力，要求他們盡量多射殺有害的哺乳動物。在某種程度上，此舉也展現出成效，起碼對狍鹿（算是最常見的有蹄類野生動物）就有不錯的成果。於是，過去幾十年來，獵獲物（也就是被殺動物的數量）一直穩定增長。在一九八〇年時，約有七十五萬頭狍鹿遭到獵殺；[51]到了二〇一八年，數量飆升至一百二十萬。[52]

我們該為動物界感到擔憂嗎？如此的大舉獵殺，這些慘遭毒手的動物難道不會有朝一日名列瀕臨絕種的紅色名單嗎？肯定不會，而且事實正好相反：特別是這些遭到獵殺的森林居民，牠們的數量反倒增加了。因為，為了在獵區裡保留這些動物，是的，至少可以見得到牠們，所以牠們在全國各地都得到飼養。而且，由於每個參與者都明白，如此用更多的食物來提高獵物的庫存量，整件事情就會有不一樣的詮釋方式。

野豬餵食器在德語稱為Kirrung，字面意義就是「誘餌」，根據官方說法，是設來引誘野豬的陷阱，藉以方便人類射殺牠們。為此，人們只需投放少量的食物——畢竟目的不是養豬！每個誘食點每天大約投放一公斤的食物即可。由於每個獵區平均設有多個這樣的野豬誘食器，所以每年每平方公里很容易就會有累積上噸的食物。根據萊茵蘭—法爾茲邦生態狩獵協會（Ökologischer Jagdverband Rheinland-Pfalz）的估算，平均得準備超過十二公斤的餌食，才能換得一公斤的野豬肉，這個數字是肉品生產大型養殖所需的好幾倍。[53]

如果沒有這些誘食器，就無法達到林務員與有關當局所要求的射殺成效，如此一來，又會導致野生動物族群數量激增。因為，每種動物都會立即將豐富的食物轉化為繁殖，這是一條鐵律。然而，林務員彷彿還嫌不夠似的，居然間接參與了食物的籌措。什麼？是的，我的腦筋也是在過去幾年中才慢慢轉了過來；從前我的想法就和許多同行一樣。那時候，當我穿越森林或是「大量的食物」，我可說是完全無動於衷，即便那些食物彷彿想引人注意，有時甚至會用力拉我的褲管。促使我轉念的是黑莓：對狍鹿與鹿來說，黑莓營養價值非常高，更重要的是，即使在冬天，黑莓也是一片綠油油。有別於絕大多數的地面植物，在春季來臨前，要麼沉睡於根部裡，要麼全身光禿禿地在打盹，黑莓卻能保有綠葉；所以可在食物短缺的冬季裡讓草食動物應急，從而也有助於在寒冷的季節裡維持族群規模。

然而，林務員與黑莓之間又有何關係呢？他們的連結是「光」。在本土的原始林中，由於老山毛櫸的樹冠太過茂密，地面上只有微光，因此幾乎沒有草或藥草可生長。頂多只在有棵大樹死去時，陽光才會透過縫隙照到地面，這足以讓其他植物如孤島般繁衍數年。在林業的定期伐木下，每隔幾公尺就會產生這樣的空隙。於是，森林的地面覆蓋了綠色植物，形成了壯觀的草地。種植業也來參上一腳，由於這些根部因栽種而受損、排排站的樹木並不穩固。特別是雲杉，常是暴風雨下的受害者，以至超過一半的林段最終都不免淪為裸露區域。裸露區域是最好的曠野：在烈日下，細菌與真菌會分解腐殖質，從而釋放出許多養分，其中包括超級肥料——氮。地表植被因此富含營養，猶如一片肥沃的牧場，於是所有大型草食動物都會來此分一杯羹，把所有能吞下肚的東西統統吃掉。

學員在我的林區裡所做的一項研究顯示出，這種林業所造就的光照對生態會有多大的影響。相較於鄰近的老山毛櫸林，在裸露區域裡，幼樹遭狍鹿或鹿啃噬的情形，高了一百二十倍。直到那時，我才首次驚覺到，在經常性的疏伐下，自己其實親手促成了野生動物族群規模的持續增加。當時在我看來合理的結論就是，加強狩獵，也就是射殺盡可能多的動物。除了十分費工以外，在大多數的情況下，此舉也無法促成野生動物族群規模的縮減。因為狍鹿會對這種威脅立即做出反應：一次生兩隻而非一隻，而且還會改變性別比例；也就是說，生出雌性小狍鹿的比例會高於雄性小狍鹿，以進一步提高繁殖率。

時至今日，讓森林再度原始化，其實才是王道：原生的落葉樹不易受暴風雨影響，不易產生裸露區域。稀疏程度愈低能讓自然保留更多的生物質（biomass），造就更健康的森林，更多的樹木會讓森林變得更陰暗，從而減少地表植被。然後呢？我認為，這樣就能大舉放棄獵殺。我們反對獵殺鯨魚等大型海洋哺乳動物，卻在陸地上對大型哺乳動物採行極為猛烈的獵殺。單單在德國，就有近兩百萬頭的狍鹿、鹿與野豬淪為槍下亡魂。[54]如果我們能讓樹木接手縮減食物供給的工作，藉以促使野生動物重新自我調節族群規模，那麼獵殺就不過是多此一舉。至於經常被稱為其他食物來源的農地，到了冬季糧食吃緊的時刻則會停擺，因為此時田地正在休耕。

在我看來，嘗試一下又有何妨，就像瑞士日內瓦州所做的那樣。日內瓦州的居民早在一九七〇年代就已決定不再獵殺——若讓灰狼與山貓做好自己的工作，那絕大多數的落葉木幼樹，就能完全不受干擾地在母樹的樹蔭下慢慢長大。

廢除獵殺或許還會改變另一件事，即鹿、狍鹿和野豬的行為。許多人都認為，這些物種是夜行性的。但絕非如此！牠們只是害怕光天化日下在草地上現身。牠們再清楚不過，在這種情況下，人類這種兩腿動物可以清楚看到牠們，進而成為槍下亡魂。所以鹿、狍鹿和野豬寧可在茂密的森林裡待到晚上，等人類看不清楚牠們才出來活動。而在森林裡，牠們得延遲進食、忍飢挨餓，若是餓得發慌，就只好去侵襲樹木的嫩枝、幼苗。這會反過來惹惱林務員，然後又去對狩獵組織施壓。根本是惡性循環！卻也是個莫名其妙的事例，顯示出對自然的個別組成部分刻意施加的某種影響，如何導致某種預料之外對整個系統所造成的影響。

真菌與細菌的傳播表明，我們依然不夠重視全球貿易和旅行所招致的後果。相反地，獵人與林務員對野生動物與森林的管理，卻似乎是過了頭；這兩個族群都自認非常了解當地的生態系統，甚至能比自然本身更妥善地加以調節。

有時我覺得，對於從前那個樹木與自然左右人類文化生活的歲月，我們的尊敬實在太少。

每當復活節篝火燃起，
古老日耳曼自然宗教的落日餘輝也隨之閃現。

14 受膜拜的樹

在我的林區附近，米夏埃山（Michelsberg）的風光十分醒目：綠油油的山頭妝點著一座白色小教堂。這座教堂不單是景觀的重要元素，更標誌著異教風俗在我的故鄉劃下了句點。古時候，這裡的居民會把牲畜帶到山上的某些樹木下獻祭，這樣的傳統持續了很長的時間。有一天，正當我在一些古老的山毛櫸之間徘徊時，我發現樹叢中有個人彷彿在找什麼。在埃佛，林務員平日總是一個人待在森林裡，所以此時這裡若出現了其他的人，立刻就會引發我們的關注——他是不是迷路了？需要協助嗎？於是我過去跟他打招呼，想不到此舉竟宛如挖到了寶。原來那個人是地上文物保護局（Amt für Bodendenkmalpflege）的研究員，他很熱心地為我講述了一些林區的歷史，當時他正在尋找一條再次由森林占據的羅馬古道；接著他為我指出埋在落葉層底下一些模糊的古道痕跡，距今已有兩千多年的歷史了！

所以說，這些被稱為「羅馬古道」的古老森林小徑真的可以回溯到羅馬人囉？

不，沒有那麼簡單，研究員否定了我的想法。因為，儘管那些位處南方的羅馬人確實使用過這條道路，但最初開闢此路的卻另有其人：這曾是通往獻祭山（米夏埃山）的道路。距今大約一萬多年前，當時的人們會前往山上，向山頂及其神木群獻祭。直到基督信仰戰勝了異教風俗之後，這座山的用途才跟著改變。如同各地教區的情況，神職人員砍倒了神木，繼而在原本獻祭的地方蓋起了一座教堂。從那時起，每個為了維持古老習俗而前往當地的人，都不得不去基督教的教堂朝聖。約莫西元八百年左右，最後一把獻祭之火燃盡，異教徒的獻祭儀式就此走入了歷史。

不，並非完全。

事實上，古代的樹木崇拜一直流傳至今，南義大利的巴西里卡塔（Basilicata）地區就還遺存這類風俗；當地的樹木崇拜，可能已有數千年的歷史，或許還能追溯到石器時代。雖然在西元七二五年左右，此風俗遭到禁止，儘管如此卻仍然延綿不絕，而且索性就融入了正逐漸傳播開來的基督信仰裡。樹木成婚是這種風俗的重頭戲，不過這並非傳統意義上的婚禮，因為那些巨木在一場複雜的儀式後就要倒楣了。在復活節後的星期日，一群行家會前往森林尋找新郎，而新郎倌必須是棵又高又直的橡木。這天只會先對新郎樹做個標記，等一週後，會再到另一個地方尋找新娘。新娘必須是常綠樹種，也就是針葉樹或冬青樹，選美標準在於是否有一頂壯麗、勻稱的樹冠。

到了耶穌升天節那天，兩棵中選的樹木都得獻出自己的生命，因為這時它們會被砍伐。公牛會把這對苦命鴛鴦拉到村子裡，好讓它們在聖靈降靈日「成婚」。然後，人們會將冬青樹嫁接到橡木樹幹上，並牢牢連接起來，使它們看起來就像一棵樹。所有這一切都是在居民（如今也包括遊客）的積極參與下，按照固定儀式緩慢進行。55

其實別處也有這類習俗，淵源十分相似；在歐洲許多地方，都會以類似的方式豎立「五月柱」（Maypole），有時甚至還不止一根。在我的故鄉埃佛區，以及在波昂一帶，也都會豎立許許多多的五月柱。仰慕者會在五月一日的夜裡到森林裡盜走一棵樹木，然後送給心儀的少女——如今為避免被移送法辦，愈來愈多人會向林木業者或樂得小賺一筆的地方單身漢俱樂部購買樹木；若之後未將款項付清，他的樹木就會在清晨時被其他的成員偷偷清除。

埃佛一帶唯一會被列入考慮的樹種是樺樹，由於天氣寒冷的緣故，這時它們往往都還尚未發芽；單身漢會先用彩色紙帶把樺木裝飾一番，再送往意中人的家；時至今日，也會把樺木塞入汽車後車廂，然後就敞開著後車廂呼嘯而過。

年輕的時候，我自己也曾送給後來的妻子米利安好幾根這種樺木，不過這樣的舉動並非總是能取悅到未來的岳父。有一回，我和幾個朋友躡手躡腳地穿過辛西格（Sinzig）城中的森林，我們在手電筒的微弱光線下用鈍斧砍倒了某棵極為粗壯的樹木——所送的樹木愈壯愈好，或者說白一點，最好是附近最大的一棵。最後，那棵樹比米利安家二樓的屋簷還高，而且我萬萬沒想到，在接下來的幾天裡，風竟然一直把那棵樺樹吹得猛撞她家的屋簷，而且我貿然把它綁在雨水管上，也不是什麼好主意；我未來的岳父將無奈與不滿全寫在臉上，讓我不知如何是好。到了第二年的五月，這些慘痛回憶早被拋諸腦後，盜木的遊戲又重新展開。

這種事情的深層意涵是什麼呢？當時我們這些年輕小伙子，只是想給我們心愛的女孩一個左鄰右舍都能瞧見的愛的證明。而這種傳統中，其實蘊含了某種古老的意涵，而這種意涵與今日的習俗相去不遠。人們會在所謂的「狂歡之月」（五月）豎立五月柱不是沒有道理——這個月分的名稱出自羅馬人，他們將其獻給了女神瑪雅（Maia）；女神瑪雅象徵著生育，所以我們的習俗其實與原始的意涵相去不遠。

在日後的許多年裡，這種習俗也曾讓我抓狂不已。年輕時由於不想在盜木時被林務員活逮，這讓血氣方剛的我既興奮、又緊張。多年後，主客易位，我反倒成了令盜木者忌憚的人，在每年五月一日的前幾天裡，我都得在林區裡牢牢監視年輕小伙子。樺樹是種相當重要的落葉喬木，是最早進駐大型綠化空地的樹種。我的森林裡也有這種樹，因為一九九〇年的維維安（Vivian）與維貝克（Wiebke）風暴摧毀了成千上萬的雲杉，在光禿禿的地面上樺樹的幼苗首先發芽。當時許多同事都認為那是雜草，但這種免費植樹卻讓我十分開心，因為那時我對針葉樹還興趣缺缺。十五年後，許多美麗的小型樺樹林在風中搖曳、沙沙作響，它們長得非常完美，所以非常適合用作五月柱。我自然也沒忘記自己的那段青春歲月，後來索性就做出了以下的妥協：我不去管制林區所在村莊的年輕小伙子，他們可以在夜裡自由自在地盜取樺木；至於林區之外村莊的小伙子，除了得預先申請，還得繳交一筆十歐元的許可費。

如果看看其他的國家，不難發現，德義兩國古老的樹木崇拜其實是無獨有偶。舉例來說，在賽普勒斯（Cyprus）的聖所羅門尼石窟前，就有一棵被人層層掛上布條的開心果樹，據說，將布條纏在那棵樹上有助於治癒眼疾。[56]

在愛爾蘭、蘇格蘭和康瓦爾郡（Cornwall）的凱爾特語地區，有所謂的「科路提泉」（Clootie Wells）。這些泉水的旁邊都會有棵樹木。就像在賽普勒斯那樣，人們也會把布條綁在樹上。這樣的儀式有助於克服疾病，[57]這也就是為何那些樹木有時會被稱為許願樹的原因。

復活節篝火在基督教世界中十分普遍。這是日耳曼民俗的遺緒，除了樹木崇拜，這類篝火也是風俗中極為重要的一環。隨著基督教的到來，這些風俗逐漸被吸納進新的基督信仰裡，後來也融進復活節前的一些儀式中。因此，每當復活節篝火燃起，古老日耳曼自然宗教的落日餘輝也隨之閃現。

儘管現下大家都更加渴望能親近自然，甚或是自然宗教，但在過去的幾十年裡，我們卻深受極度理性與科學的影響，這點不單只是顯現於教會信徒逐漸減少。為了重新親近自然，走走哲學的途徑或許會有所幫助。不過，由於我對哲學這個專業領域，只略懂些皮毛，因此，當然最好還是能找個這方面的專家聊上一聊。

動植物之間牢不可破的界線，
或許早在達爾文的時代就該崩落。

15 動植物的界線正在崩落

二〇一八年時，義大利哲學家埃曼紐・科西亞（Emanuele Coccia）論述植物的著作在德國出版，《南德日報》（*Süddeutsche Zeitung*）便問我是否有興趣與科西亞對談。由於我向來喜歡與不同領域的專家學者互相交流，所以當然不會錯過這個機會。這個決定棒透了，因為科西亞讓我有機會從全新的觀點去看樹木；這個觀點在許多方面印證了我的想法，更在其他角度促使我有更進一步的省思。

出版商將科西亞的《世界之根》（*Die Wurzeln der Welt*）一書寄給我，好讓我為這場對話預作準備。這本書真的觀點獨到，完全顛覆了我們對生命世界的看法——植物在上，而人類則完全在下。近來我時常思索這個問題，某種在自然界中的排名，某種根據重要性、甚或優越度的排行榜，顯然已經過時，因為這遮蔽了我們觀看自然的視野，使得周遭的所有其他物種都顯得原始，甚或是「未完成」。人類總占據萬物之靈的寶座，動物界則被區分為高等與低等的眾生，植物則又等而下之，這樣的想法早被我所揚棄。

與科西亞的對話更令我耳目一新。他與《南德日報》的記者及攝影師一起光臨我們的森林學院，他留著一臉落腮鬍，身著藍色西裝，打了條藍色格子領帶，總之，絕對不是適合室外活動的裝扮；儘管我們早已說好，要攜手去森林逛一逛。科西亞不愧是位特立獨行的「橫向思考者」，他的服裝也證明了這一點。除此之外，他還說得一口流利的德語，因為他曾在南德的弗萊堡（Freiburg）和德國其他地方讀書與工作過。

喝完第一杯咖啡後，我們很快便切入主題——樹木與植物。科西亞認為，我們的生物學體系其實並無科學根據，相反倒是具有很強烈的神學色彩，主要是受到「身為主宰的人類與理應作為僕從的周遭萬物」這種觀念所影響。再者，就是數百年來一直存在著的、對所有事物進行分類的強迫症。這兩者一起催生出了一套排名：人類在上、動物居中、植物在下。這段酣暢淋漓的談話，讓我聽得十分入迷。我告訴科西亞，我其實更樂見科學以並列的方式去對其他的生物做分類；這同樣能達到分門別類的目的，卻不具備任何形式的價值判斷。他立即對我的想法表示贊同，他認為當前世人普遍認知的生命世界的秩序也不是科學的，其實是個受文化史與宗教所左右的等級制度。對他而言，動植物之間並不存在牢不可破的界線，因為，他認為就連植物也有感覺，甚至能夠思考。正如稍後我要說的，這麼想的不單只有他一人。

然而，接受植物具有感知能力的新觀念，揚棄定性排名，這不單引來保守科學界的反彈，還觸發了某些新的情感問題。這種想法所招致的典型問題之一就是：如此一來，我們還能吃什麼呢？肉食者或許會不禁幸災樂禍地奚落素食者，根據這樣的認知標準，他們貌似單純的植物性飲食，其實同樣會在其他生物身上造成痛苦。然而，如此一來，我們也就進入了道德的領域；在科西亞看來，道德主義是科學最大的敵人。基礎研究最初只是確定某些事物，卻不從中得出某種評判。這些評判就是後續的政治討論所要處理的問題，正如我們在數十年來在針對畜牧業的討論裡所見到的那樣。

不過，顯然還是有許多人十分憂心，害怕這會對自己的宇宙觀帶來什麼後果。於是當前有關植物及其能力的知識，往往都會被貶低為「祕教」。

讓親近森林與樹木變得困難的，正是這一點：腦袋裡的小精靈不斷吶喊著「祕教！祕教！」我的《樹的祕密生命》（*Das geheime Leben der Bäume*）最初還被書商劃分到這一類，儘管該書純然基於種種事實。問題或許是出在我的敘述風格被認為是不科學的。對某些森林的專家學者來說，我的敘述風格太過感性，這也就是為何他們會說那本書靠不住。值得慶幸的是，這種思想障礙正日漸消除；從許多大學所做的努力中，我們也能看出這一點。有愈來愈多的人會負責使用這樣的語言修辭工具，將種種研究成果轉化成非專業人士也能理解的語言，例如寫成一些平易近人的新聞稿，如此一來，他們的「金主」，也就是社會大眾，就也能分享種種研究成果。儘管如此，這卻是個緩慢的過程，某些令人不快的知識常會被人抹黑成「祕教信仰」。

對此，我感到有必要釐清一下「祕教」（Esoterik）一詞的實際意涵。德文權威《杜登辭典》（*Duden*）將其定義為，「……意識形態的活動，匯集神祕學（occult）、人智學（anthroposophy）、形上學（metaphysics）等理論與實踐，旨在自我了解與自我實現的思潮」。其他一些定義則將「祕教」解釋成非宗教式的精神事物。

且讓我們以《杜登辭典》為本，分解一下定義的各個組成：神祕學所涉及的是超自然現象，有時甚至被當成祕教的代名詞，無論如何，兩者有很強的重疊性。事實上，在定義方面，這可說是一種非常典型的錯誤——用同義詞去說明某個詞彙，根本不能算是解釋；這意味著，我們其實可以刪去《杜登辭典》對神祕學學說的定義。那麼人智學的部分有比較好嗎？肯定沒有，因為它也包含了與人類及其發展有關的超自然的核心組成部分。最後還有形上學，在這裡，我們也是處於無法被證明的、無法被以感官經驗理解的領域，換言之，超自然的領域。儘管形上學大多是在探討哲學問題（例如，上帝存在嗎？是誰創造了宇宙？），可是這個詞彙對祕教的解釋，卻無法做出多大的貢獻。所剩下的，就只有「某種超自然的、精神方面的事物」這樣一種模糊的印象；在我們這個時代裡，這種字眼往往帶有貶意。然而，這種帶有貶意的字眼卻常用於從定義上來看與「祕教」形成鮮明對比的傳統研究領域中；它畢竟是在嘗試提出證明，而不單單是提出斷言。有時，當革命性的研究推翻為人所鍾愛的思想體系，這種批評手段就會被拿來利用。

「祕教」一詞貶低了許多目前我們尚且認為不可思議的東西，這些事物其實很多，尤其是在植物界。不過，法蘭帝許．巴洛斯卡倒是很有這方面的慧根，在前面的篇章裡，我已曾提過這位波昂大學的教授。二〇一八年十月，我總算有幸前往他的工作地點拜訪他。巴洛斯卡所從事的植物研究令我十分嚮往——設備完善的實驗室、形形色色的植物，藉助複雜的儀器觀察植物，最終揭示植物的祕密；我真的很想親眼看看這一切。

在一個陽光明媚的下午，我將車子停在研究所前，搭著散發著霉味的電梯，我上到了五樓，接著，根據巴洛斯卡的電子郵件所述，出了電梯我得往右走，再走上一座木質樓梯就能到達他的辦公室。向前直走會通往一排典型以灰色調為主的研究室，往右上了木質樓梯則會到達大型建築群的一個僻靜角落。他就在上頭的小走廊，以濃烈的斯洛伐克口音向我問候。他帶我走進會議室，我們在一張巨大的圓桌旁坐了下來。我很興奮，畢竟我在自己所寫的樹木相關書籍裡引用過巴洛斯卡的著作，而且我也在許多的活動中，一再提及他的種種極具開創性的研究。那些研究的成果聽來奧妙無窮，以至於有時我甚至不太能確定，自己對其的闡述是否正確、是否準確地將之轉化成日常語言。不過巴洛斯卡倒是立即為我消除了這樣的疑慮。

我們首先談到的主題是植物的痛感。每當我說雲杉受到樹皮甲蟲的侵襲時，雲杉會痛，同事聽了都只會翻白眼。針對此問題，這位教授回答，「植物、樹木當然也會感到疼痛。每種生物必然都有這種能力，如此才能正確地反應！」他表示，人們甚至可以在分子的層面上找到相應的線索；類似於動物，植物也會產生可抑制疼痛的物質，但若根本沒有痛感，他想不出植物為何需要產生可抑制疼痛的物質。他也提出了各種發現：在南美洲有一種藤繞植物，會配合所攀附的樹木或灌木做出調整，它們的葉子看起來就像是載體植物的葉子。有人可能會認為，這或許是以化學的方式來進行控制。藤繞植物會吸收灌木的芳香物質，然後以基因預先編程的方式改變樹葉的形狀。迄今為止，人們已知有三種不同的葉片形狀。不過，後來有位研究人員突發奇想，製作了一株帶有塑膠樹葉的塑膠植物，接著又讓這位植物界的變色龍攀附生長於這株植物上。奇妙的事情發生了，變色龍居然也仿生出塑膠樹葉的形狀。法蘭帝許．巴洛斯卡認為這顯然就是此種藤繞植物「看得見」的證據。否則，它們該如何得知對其而言完全陌生的某種特殊形狀？在這個事例中，一般的推測，例如載體植物放出化學信使物質，或是兩株植物之間的電信號，統統都遭到了淘汰。不僅如此，他還進一步認為，所有的植物都「看得見」。

截至當時為止，據我所知，樹木就只有明亮與黑暗的視覺。科學家已經針對樺樹與橡樹做過睡眠行為的研究，山毛櫸則能衡量白晝的長度，所有這一切都需要光接收器：光接收器先將信號傳給樹木，進而促使整個生物體採取行動。至於能識別形狀或顏色的視覺，這我倒是前所未聞。如今得知植物能準確感知某些事物，進而相應地改變自己的行為，簡直是太驚人了！

巴洛斯卡為我介紹了針對角質層（cuticula；葉子的最上層）的研究。在絕大多數的植物中，角質層都是完全透明的——若真的單單只是為了收集光來製造糖，這完全沒有意義。因為，若果真如此，這些細胞就得配備葉綠體（chloroplast），也就是光合作用的胞器，畢竟大多數的陽光都灑落在此處。在葉子的較底層中，按理來說產量會比較低。然而，角質層是透明的，這其實有點浪費，而且還不單只是這樣而已。在許多植物中，它們被構造成透鏡形狀，因此可將光線聚集起來；功能類似於我們的眼鏡。倘若聚集光線單單只是為了光合作用，這就不太合理，因為，若果真如此，角質層其實就能輕易地讓光線通過。畢竟，聚集不會帶來更多的光線，只會讓光線更為集中，或者說得更明白一點，更聚焦於細胞底部。

葉子作為眼睛的對應物？這是一種需要時間適應的想法，尤其是，隨著秋天的落葉紛飛，樹木就得定期拋棄自己的「眼睛」。那麼，葉子是拋棄式的眼睛嗎？在某種程度上這種說法是對的，如果把葉子拿來和某些動物的眼睛相比，在歐洲的氣候條件下，這種拋棄式眼睛的使用壽命大約為六個月，相對某些動物而言，這已經長了很多。以蒼蠅為例，牠們眼睛的使用壽命幾乎不到一個月，原因很簡單，因為牠們的壽命也就只有那麼短。此外，在蜉蝣從幼蟲蛻變成能飛行的昆蟲後，在牠們已可被稱為蜉蝣的那一天裡，牠們有時甚至還無法使用自己的視覺裝備；儘管牠們身上確實有如假包換的眼睛。

針對樹木應該補充說明的是：葉細胞一旦形成，便會在整個植物生長期內持續存在，因此它們的壽命相對較長。反之，人類的眼睛卻會持續進行局部更新；舉例來說，每隔七天，角膜外層就會被新的細胞完全取代。[58]

植物的痛覺，還有甚至「看得見」的這項假說，理應會讓整個科學界極度騷動，不是嗎？這個問題使得我們對談的氣氛稍微沉寂了下來。我原本以為，植物神經生物學是門科學的新興分支，巴洛斯卡教授搖了搖頭，「德國在這個研究分支上曾經非常強大。然而，如今卻幾乎再無支持進一步研究的財源。」除了他以外，幾乎沒有第二個人會在這個主題上下這麼大的功夫。因此，科學的此一分支很可能要第二次淪為過眼雲煙，而第一次則早在十九世紀達爾文的時代就已發生。

達爾文曾針對根部做過研究，早在當時他就已經假定，這些根尖能像構造簡單的動物的大腦一樣發揮作用。根部具備「小型的大腦」嗎？動植物之間牢不可破的界線，或許早在達爾文的時代就該崩落。又或許，由於那些研究被擱置了上百年，而且還遭受另一項衝擊，所以直至今日都還未能從中恢復過來。

一九七三年，有本立意良善的書首次出版，書名是《植物的祕密生命》（*The Secret Life of Plants*），由彼得．湯京士（Peter Tompkins）與克里斯多福．柏德（Christopher Bird）合著。該書不單只是根據某些牢靠的事實，更是根據某些無法重複進行的、深陷「祕教」（又來了，這到底是什麼啊？）的實驗。無論我們如何看待本書，它都使得植物在刺激與資訊處理方面的相關研究被流放邊疆數十載。然而，若將所有的責任都歸咎於這本書，卻也過於簡化事實。一方面，那些研究理應不會令人留下深刻的印象，因為它們其實只是眾多的觀點之一；另一方面，學界似乎一直在等待著，最終能擺脫此一累贅的知識分支。

不過，誠如法蘭帝許．巴洛斯卡所言，還存在著另一個完全不同的問題：針對神經、大腦與疼痛現象的所有研究，最初都是圍繞著人類進行；於是生物學的所有基本術語，全都因此遭到占據。在這種情況下，種種的定義其實無法科學地、正確地套用到植物身上，儘管它們看起來有著非常類似的結構與過程。神經生物學是為動物保留的，這也就是為何，某本這方面的植物研究期刊會取名為《植物的信號及行為》（*Plant Signaling and Behavior*），而非《植物神經科學》（*Plant Neuroscience*）。說到這裡，我立即聯想到，哲學與生物學應該更緊密串連起來；因為，埃曼紐・科西亞此問題的看法，與巴洛斯卡所說的完全一致。

誠如我們每天的所見、所聞，促使所有生物之間更加和諧，不啻是條漫漫長路。因為就連我們的語言也都表現出，人類在動物與植物間設了多大的區別。我們所說的動物保護十分清楚：一切有助於在法律與實踐上，滿足動物需求的事物。大規模的動物養殖肯定談不上動保，針對狹窄牢籠與飼養於其中的大量動物而需要的藥物肯定也不是。

至於植物方面，情況則截然不同。在此處，植物保護絕不意味植物該被保護。不，人們所想的是，這是傳統農業的一部分，在這當中，人們會窮盡包括最強力的化學藥劑在內的一切手段，設法避免競爭性植被、昆蟲或真菌造成的損失。除草劑嘉磷塞（Glyphosate）是種匪夷所思的武器，唯一的任務就是殺死植物。

伐木是另一個例子。從一個小小的思想實驗我們就能看出，森林裡的伐木在語言上遭到了多大的扭曲——如果未來屠夫自稱是動物守護者，大家會怎麼說？從那時起，屠夫持續為自己的行業開脫，認為不斷將豬和牛從畜舍移除，可以留給倖存的牲畜更多的空間，讓牠們能以更適合的方式發育，也能持續保持年輕，這會對健康狀況帶來正面的影響。聽起來難道不詭異嗎？

依我來說，屠夫或許能向林務員討教一點公關技巧。因為樹木與大象等大型哺乳動物一樣討人喜歡。大多數的人都希望能小心翼翼對待樹木與大象，並盡可能加以保護，若是無情對待這些生物，則會被認為是種罪惡。於是，在林業就產生了一些淡化嚴重侵害的用語，「疏伐」就是其中一例；在進行疏伐時，一個林區會有多達百分之二十的樹木被砍倒（或者直截了當地說，被砍死）、被拿去加工；林務員稱此為森林維護，所騰出的空間終將嘉惠於其餘的樹木。然而，這些樹木並不需要更多的空間，它們所需要的其實是一個運作良好的社群共同體。

為了維護林務員的榮譽，大家不得不說，他們生產了我們大家都想消費的木材，像是這本書所用的紙張。另一方面，為了這個目的，樹木卻又得犧牲生命，而這幾乎是無人所樂見的。這一切被林務員稱為屠宰場悖論（他們確實也能與屠夫相提並論），就像許多人喜歡吃炸肉排，但卻沒有人喜歡面對豬的屠宰與痛苦。不過，至今林務員還不了解的是，其實正是他們自己的行為，造就了這種悖論的一部分。森林管理不需要另一套公關，所需要的是對自然的另一種理解。唯有當林務員承認，自己是自然的利用者，而非自然的守護者，一場針對森林與木材的真正公開討論才能展開。

沒有任何森林的利用，或者更普遍地來說，沒有任何自然的利用，是沒有破壞的，問題只在於，我們對自身所處的生態系統懷有多少期望。這是一道關乎放棄的難題：愈少使用木材，就有愈多森林能受到保護。

我和森林學院的團隊也在經營森林，是的，我們也會在那裡砍伐樹木。如今我知道，我們在那裡的所作所為無益於自然，而是有益於人類。因此準則就是，盡可能少去干擾，唯有在緊急的情況下，才去介入自然的過程。在實踐上，這意味：不再種植任何植物，只取用從那裡自然生長出的東西。在我們的森林裡有諸如山毛櫸和橡樹之類的落葉樹，另外還散布著其他許多樹種，例如歐洲千金榆（*Carpinus betulus*）和楓樹等等。濫伐與使用殺蟲劑都是禁忌，而相對於重型機具，馬匹是優先選項。在保護區裡，至少在百分之十的土地上，樹木可以不受干擾地變老；只不過，即使遵循這些基本原則，我依舊稱不上是森林守護者，只不過是木材生產者。

對傳統的森林管理與原始的森林生態系統之間的差異反思愈多，就愈容易得出這樣的結論：這些差異的基礎其實是一則重大的誤解。傳統的林務員也認為，自己是在保護生態系統，而且藉由其管理，他們還仿製了、或頂多縮短了，自然的過程。不過，這種對生態系統的理解，卻是基於另一套關於自然過程的哲學，簡言之，基於另一種演化的定義。這種定義可以回溯到達爾文與他的某些同行，他們創造了「Survival of the fittest」一詞。然而，這並非意味每個個體都相互爭鬥，最終由強者勝出；不，這其實只是與能否妥善應付環境並成功繁衍後代有關。這兩者截然不同，這代表譬如說社群共同體在自然中也能非常成功，不單樹木或狼群證明了這一點，就連我們自己這個物種也是。因此，這句話的最適當翻譯應該是「最適者生存」（「fit」所指的應是「適應」、而非「強大」之意），也就是那些最能妥善因應當前環境條件的物種。否則的話，演化將意味那些更為強大、從而或許也更具侵略性的物種會占上風。此外，如果按照這種解讀方式，那麼我們理應預期，較早的物種會比較原始、不開化。事實上，他們卻是完全適合當時的環境條件。只不過，由於自然總在變化、大陸會漂移、氣候會波動，物種的出現和消失並非具有「改進」意義的發展，其實僅僅具備「適應新的環境條件」的意義。

至少我自己從前曾經有過完全不同的理解，當時我還認為，物種會愈來愈完美，最後進化到人類這個物種；根據這種過時的理解，「人類是萬物之靈」便是合乎邏輯的結論。然而，從科學的角度來看，這個結論並不正確，其意義至今也只能從文化和宗教的角度來解釋。因此，正如許多林務員，我們看待樹木的方式同樣誤入歧途。

對林務員來說，樹木不單只會在不同的物種之間相互爭奪，同樣也會在相同的物種之內相互爭奪陽光、水和養分。在這場林務員認為是在未受干擾的森林裡進行的爭鬥中，他們動手影響了經濟林。所以我們也可以說，林務員自認是生存的裁判。我常會聽到他們說，如果沒有他們，原生森林恐怕會活不下去。對此，我實在不得不說：樹木已經存在了三億年，現代人類才存在區區三十萬年，更別說調節性林業僅僅存在了三百年。在大多數的時間裡，森林顯然都能在完全沒有人為裁判的情況下處得很好——主要是因為它們根本沒在鬥爭。

這使我又回想起了埃曼紐・科西亞。百年來我們一直將自然視為一場規模浩大的戰爭，其中每個個體都在相互爭鬥，對此他感到十分遺憾。在科西亞看來，自然並非戰爭，不，它反倒是由團結所形塑的。

我舉雙手贊成。

每本書都能將自身的歷史回溯至森林，
實在是個很美的想法。

16 森林的語言

人類與森林之間的牢固關係可從德語中找到迴響：在你手上拿著的書揭示了第一道連結。我所指的不是特定的產品，而是「書」（Buch）這個德文語詞，追查一下這個用語的起源，我們就會遇到格林兄弟。他們曾在一八六〇年編纂的《德語詞典》（*Deutsches Wörterbuch*）裡寫道，古日耳曼人已會在木板上刻劃字符；由於這些木板通常都是以山毛櫸（Buche）製成，因此這種書寫板的名稱就從樹種轉到了用品（也就是「書」）上。

但這個名稱的源源可能更早，也就是在盧恩字母（Runes）被刻在山毛櫸製成的木棍上的時候。「山毛櫸」（Buche）製成的「木棍」（Stab）？現在我們更深入了一個層次，來到了「字母」（Buchstabe）這個語詞，詞源更加清晰明確。雖說這項猜測與格林兄弟的推斷皆未獲得絕對肯定的證實，不過我還是認為，每本書都能將自身的歷史回溯至森林，實在是個很美的想法。

儘管「書」（Buch）與「山毛櫸」（Buche）在德文僅有一個字母之差，但在其他的詞彙中，它們的詞源卻隱藏得更深更遠，例如「忠誠」（Treue）的概念就能追溯到樹木，具體來說是可以回溯到橡樹。橡木既堅硬、在各種氣候下都能生長茁壯，正如人際關係在這個引申義上也該如此，其詞源出自印歐語的「dreu」或「dru」，所指的就是「橡樹」。在英文裡也有它的變體，就是指稱「真實」的「true」；其同樣也出現在德文的「Truhe」一詞，指的是保存重要物品的實木盒子或箱子。[59]

在德文的俗語中，有更多從森林衍生而來的語句，雖然如今有些看來已經過時。舉例來說，「她如白楊葉片般顫抖。」（Sie zittert wie Espenlaub），白楊、顫楊等都是歐洲山楊（*Populus tremula*）的同義詞。楊樹的葉子懸掛在扭曲的莖上，就算吹拂而來的風微乎其微，也會使葉片顫抖起來。或許這樣就能讓白楊葉片更容易暴露於光照中，從而製造出更多的糖。無論如何，在其他任何樹種中，都沒有這麼顯眼的反應。然而，如今有誰還曉得白楊的顫抖呢？至少在很久以前，這種情況必然曾經普遍為人所知，以至於幾乎人人都能設想，一個人要顫抖到什麼程度才會用這種樹來比喻。

在一些古老的德文地名中，也能見到我們與森林之間根深柢固的關係——更準確的說法，應該是人類把樹木連根拔起的關係。在遙遠的過去，為了開闢用於建築與農耕的土地，人類的聚落侵噬了森林。直到八世紀中葉，中歐仍有百分之九十的土地是森林，而且是原始森林。當時還沒有任何林業，因為，在人口密度極低、且有幾乎無窮無盡的森林可用的情況下，根本沒有林業的必要。相反地，農業用地倒是供不應求，人類必須付出高昂的代價，才能從自然的手中奪得一畝田地。障礙不單只有樹木，還有樹根，農夫得先將樹根挖開，然後用共軛的牛隻把樹根從土地裡拉出來，否則耕作幾公尺後，犁在就會被樹根卡住。開墾是如此的艱辛，無怪乎祖先會藉命名來紀念當初的披荊斬棘。

從某些地名中，甚至還能看出開墾的類型。舉例來說，如果單單只是砍伐或焚燒樹木，沒有去除樹根，在阿爾卑斯山地區人們就會以「schwenden」（意即焚林開墾）來命名。這種簡單的方法不太適合用於農耕，不過倒是適合用於牧場，因為在牧場上不必耕作土地。德國有些地方就直接以「schwenden」的變形作為地名的字尾，例如南德巴伐利亞邦的「Untergschwandt」與巴登－符騰堡邦（Baden-Württemberg）的「Herrenschwand」。比起焚林，連根拔除的伐林開墾更常出現在地名中，像「Bayreuth」與「Stockum」等地名都能見到這類變體——此處予以致敬的是伐林後所留下的「樹樁」（Baumstümpfe／Stock）。

近年來，自然相關的新用語都是保守的科學說了算，情感出局、技術式的敘事方式萬歲。於是生命網路中那些奇妙的種種作用，都被說成是「生態系統的服務」。這聽起來不像天堂，反倒像是工匠的服務目錄。這與我和埃曼紐．科西亞所做的討論不謀而合——萬物都是人類的僕從，都得提供服務並遵守等級制度，保護他們只是為了維繫我們的幸福。

即便不做如此想，也很難抵禦言語在潛意識中引發的情緒。二〇一七年，英國《衛報》記者喬治．蒙比爾特（George Monbiot）曾在文章中很好地描述了這一點。蒙比爾特探問，摩西曾帶領希伯來人前往上帝應許的迦南地，但若那裡流淌的不是牛奶和蜂蜜，而是哺乳動物的分泌物和昆蟲的嘔吐物，希伯來人還會追隨摩西嗎？蒙比爾特所提倡的是，能觸動我們內心的另一種語言、另一種詞彙，藉以促使在環境保護上能有更多的進展。[60]

在當前的辯論中，遭遊說者嚴重濫用的一個典型案例，就是圍繞在保護區上打轉。被指定為國家公園的森林，按照官方的用語，是「被擱置」。在我們的腦海裡，這種「擱置」是要做什麼呢？這令人聯想到我們不再需要的東西，例如老舊的停車場。被擱置的東西不能再使用，重要的是：它們是東西。相反地，作為活生生的生物，森林其實是不能被擱置的，更別說是被人類擱置。在我們的理解中，實際的意涵其實很清楚，那就是：不能再砍伐樹木。「被擱置」的，實際上只是重型收割機和鏈鋸，但我們顯然更希望能在這裡享受新興的原始。相較於單調的植物園，這裡有遠遠更多的哺乳動物、鳥類及昆蟲，牠們都絕對不是靜默無聲。有別於停車場，當國家公園中的森林被擱置後，其間的活動反而更熱鬧非凡。

那麼我們應該使用稱呼什麼來取代呢？「保護區」嗎？就是一個必須被保護的區域嗎？免於誰的侵害呢？答案很明顯：免於我們的侵害。藉助保護區的用語，我們會不斷提醒自己，人類就是屬於該被拒於門外的族群（即使這其實只是某個職業群體）。在這當中，良心不安會一直在潛意識裡揮之不去，長此以往，有害而無益。許多環保團體已經認識到，危言聳聽與持續的報憂不報喜，無助於改變人們的想法，常常反倒只會令人感到厭煩，這並非沒有道理。

我的建議是：乾脆俐落地稱野生森林為「森林」。這不一定是個進步，不過我的建議還有第二部分：所以森林，更準確地來說應該是人工林，也該貼上完全不同的標籤。在其他國家，無論是婆羅洲的油棕林，抑或是葡萄牙與巴西的桉樹園，這些都沒什麼問題，一看就知道是人工林。然而德國卻把單調、同齡且通常不是原生種的樹木種植園，都統稱為森林。德國的森林管理部門，好似魔鬼怕聖水那般，十分忌諱人工林一詞。就連外行人也能看清，圍繞在德國四周的真正的自然有多麼地少。為了不讓這一點引人注意，索性就把林業用地都合稱為森林，因為這個詞彙具有非常正面的涵義。

其他的一些名稱也為人所詬病。當我在演說中將林務員與屠夫相提並論，至少同業就會憤慨不已。然而，伐木與屠宰有何區別，除了所殺害的不是動物，而是樹木？如果從當前的研究中我們得知，山毛櫸和橡樹同樣會有疼痛的感受，那麼用動物界的詞彙來類比，就會是有意義的。

不過，模糊化與去殘酷化卻也早已滲入日常生活中。木材不是自然的一部分（從而也是正面的）嗎？即使經過加工，木製品難道就不再存活與呼吸嗎？這聽起來就像是第二次的機會，彷彿真能以沙發或餐桌的形式來獲得某種重生。經過加工的木材當然是死透的，只能吸收與再度釋放空氣中的水分，陶罐、黏土灰泥或磚塊也具有這種屬性。並不是說我們搞錯了，木製品的確很美，也在日常生活中，頻頻提醒我們所依賴的生態系統。然而，對木製品所做的的正面描述，雖然令人亢奮，卻與今日的知識水準相抵觸，從而也讓認真探討當前的林業變得困難。

所以，我們不需要創造新詞，所需要的只是更多的誠實。當人們想走入森林，走入真正的森林，但周遭卻只有使用機械栽種的二手人工林地，那麼就該更加強烈要求更多的保護區，好讓家園附近就有真正的自然。也許，如此一來，我們就能將德國的「森林」，從如今少得可憐的百分之二變成百分之十五，甚至還能更多——這是你我所期盼的。

在自然裡一起度過的輕鬆時光，
對我來說，
肯定是最有價值的禮物。

17 森林浴——深深沉浸吧

童年時，森林散步對我來說是件令人討厭的事。我總是在大人的身後苦苦掙扎，我會至少為自己找一棵可以讓我在上頭胡亂刻劃的樹樁。誘因多半都是探訪位於附近的「葡萄農小屋」，畢竟那裡還有檸檬汁可以喝。從前森林對我來說代表著自由，我可以和朋友一起在那裡搭建小屋，偷偷升個營火，躺在地上，仰望樹冠，或是挖掘寶藏。相反地，當時散步對我來說簡直就像某種綠色極刑。

如今我的想法當然已經截然不同，而且森林散步也普遍受到大眾的青睞。相應地做出了改變的「包裝」可說是居功厥偉。健行、縱走、北歐式健走或森林浴雖是互不相同的選擇，但目的卻都是把人們帶回樹下。除了森林浴以外，其他的選項都只是某種運動形式的修改——人們得要減輕體重，並且燃燒盡可能多的卡路里，這樣子遠足才會值得。

令人訝異的是，研究人員發現，每公里的行進速度完全不是關鍵因素。如果以步行的速度走四公里，大約可以消耗二四〇大卡。如果以慢跑的方式跑相同的距離，雖然能以快兩倍的速度抵達目的地，不過大約可以消耗的三二〇大卡，其實並沒有比單純步行多很多。[61]我們也可以反過來看：散步遠比它表面看來更具運動性。這種運動方式最大的優點就是，腿和腳比較容易協調；這意味著，會有時間左顧右盼，慢慢地欣賞和享受森林。

因此步行也明顯比較能讓人放鬆。此外，在樹下步行之所以具有正面的功效，另一個原因就是：山毛櫸與其他許多物種藉以相互交流的揮發物質，會影響我們的血液循環和潛意識。它們可以降血壓；不過，並非在每個森林裡都能奏效就是了。有別於在原生落葉林裡可以明顯測得降血壓的成效，在雲杉或松樹的人工林裡卻反倒可能會讓血壓上升，誠如一九七〇年代末期的一些研究所示。[62]受迫的針葉樹會用化學資訊交流關於昆蟲襲擊或缺水的消息——我們或許會在不知不覺中感受到這一切。

不過，我們的潛意識也會將人體內的運行過程轉化為意識；令人愉悅且有益降低血壓的森林，也會讓我們覺得它們很美。

我曾與主持人貝蒂娜・波丁格（Bettina Böttinger）一起測試過這種森林效應。為此，我們先在科隆走了一陣。在高樓大廈、小吃攤與電車站之間，我們在攝影機前量了第一次血壓。當時我有點緊張，因為這時其實幾乎就是在公開記錄，這整件事情是否屬實。脈搏和血壓升高了，但這也還不能代表什麼；畢竟，我並不曉得貝蒂娜・波丁格平常所測得的數值為何。接著，我們便驅車前往貝吉舍斯蘭（Bergisches Land），進入一片生長著橡樹、千金榆與山毛櫸的落葉林。我們在那裡第二次拿出測量儀器，攝影團隊就位，我緊張地盯著螢幕。賓果！螢幕上顯示出明顯較低的數值，可見樹木與貝蒂娜・波丁格一樣放鬆。

當然，這種一次性的實驗終究不能取代科學研究。不過這方面的科學研究其實早就已經有了，而且始終不曾間斷。那些研究不單只是針對血壓，另外也還涉及到人體的抵抗力。因為，當我們在森林裡散步時，身體在提升免疫能力上所做的事情遠比我們想像的多；我們受益於樹木的防禦措施。

早在一九五六年，列寧格勒（Leningrad）的生物學家鮑里斯・托金（Boris Tokin）就曾指出，針葉樹其實會去消毒它們的周遭環境。托金發現，在年輕的松樹林附近，空氣幾乎是無菌的。原因在於樹木本身會分泌植物的抗生素，也就是芬多精（phytoncide）。[63]

為何針葉樹要這麼做呢？因為它們隨時都會被一個漂浮在空中、看不見的敵人攻擊。在每立方公尺的空間裡會有多達一萬個真菌孢子在伺機而動。[64]它們在等待著能降落在折斷的樹枝或受傷的樹皮上的機會。真菌可以從這些破口長進樹裡，然後從內部慢慢地啃噬它。最終木材腐爛、樹木死亡。不難理解，許多針葉樹都希望能防範於未然，而且最好是在攻擊者「登陸」之前。至於落葉樹，它們則會以不同的方式去應對真菌，誠如我在探訪波蘭的比亞沃維耶扎原始森林（Białowieża Forest）中所了解的那樣，我將留待後頭詳述。

針葉樹會預先抵禦真菌的孢子，過敏者則可從中受益。但受益的卻不僅僅只有他們而已。因為我們會在每次呼吸時，不知不覺地吸入防禦物質芬多精，它們在我們體內所做的與在樹木身上所做的一樣。它們具有消炎的作用。除此以外，芬多精甚至具有抗癌的作用。東京的日本醫科大學（Nippon Medical School）的研究人員，將受試者分別送往森林或城市，發現了這一點：有別於城市組的受試者，在森林組的受試者身上殺手細胞與抗癌蛋白增加了；在歷經七天的森林漫步後，人們就能在受試者的血液裡檢測出這方面的濃度提高。[65]

韓國的研究人員也曾以類似的方式研究了這種現象。他們讓兩組高齡婦女分別在森林與城市裡散步。結果十分驚人：有別於城市組完全檢測不出任何改變，在森林組的受試者身上，血壓、肺活量及動脈的彈性都獲得了改善。[66]

在關於健康的問題上，「城市」一詞表達得或許有點籠統。除了空氣中的噪音和汙染物以外，另有其他一些可將一個人口稠密地區與另一個劃分開來的生物性質。於是我們又再度回到了樹木上。有許多不同的研究顯示，就連行道樹也都明顯有益健康。例如，芝加哥大學的科學家就在一項大規模的研究中發現，就算是家門口前的一棵樹，也能增進健康與舒適。為此，他們收集了加拿大多倫多城中近三萬位居民與五十三萬棵樹木的資料；那些樹木的資料其實本就被市府登記在案。結果顯示：如果在一個社區裡至少有十棵樹，那麼健康狀況改善的程度就會相當於增加一萬美元的收入（以及由此而來的更好的醫療服務）。這裡我們所談的不單單只是心理健康。心血管疾病（第一大死因）的發生機率也會顯著降低。如果社區裡再多十一棵樹，那麼健康狀況改善的程度就會相當於增加二萬美元的收入，或者，換個方式來說，會讓生物年齡年輕一歲四個月。[67]

樹木很好，森林更好。在日本，森林漫步已是醫生可以開出的處方，換言之，可見諸於診斷證明書，誠如曾任醫師的藝人埃克特・馮赫希豪森（Eckart von Hirschhausen）告訴我的那樣。此外，森淋浴這種最新趨勢也是從日本傳到德國來。

我得承認，對首批相關報導，我曾抱持半信半疑的態度。人類無法在森林裡沐浴吧，這是要怎麼進行呢？放鬆自我，沒問題，無論藉由什麼樣的活動，但這不是一直都有嗎。所以森林浴是用新瓶裝舊酒囉？儘管有許多說明這個主題的新手冊，不過起初我還是未能真正理解，它與之前的休閒活動究竟有何不同。還有，為何它偏偏會在此時出現？

原因或許在於近年來社會風氣的轉變，人們想重新回去探索自然、接觸自然。早在一九七〇與八〇年代，就曾有過這樣的事情。那時我們在學校裡收集酒瓶的軟木塞與優格罐的瓶蓋，藉以節省樹皮和鋁。當時鋁製自行車和鋁製輪輞尚未蔚為風尚，否則的話，我們或許會覺得自己就像唐吉訶德對抗風車那樣不自量力。

在柏林圍牆倒塌後，東西方和解、經濟成長和恐怖主義加劇成了焦點。在年輕人眼中，自然變得比較沒那麼重要；至少我在森林導覽中一再看到這一點。不過，近年來，人們對完好無損的環境的渴望又再度變得強烈。這不單只是體現於許多與森林有關的公民倡議；關於這點，請容我稍後再來講述。

在這樣的渴望下，森淋浴的風潮從遠東蔓延到了德國。日語的森淋浴讀做「しんりんよく」（Shinrin-Yoku），整個發音聽起來就彷彿某種古老的智慧。然而，事實正好相反。直到一九八二年，日本的森林主管機關才引入此一概念和用語，藉以促進社會大眾了解森林所具有的健康功效。

當然，有益恢復健康的森林散步並非日本林務員所發明。早在十九世紀時，日耳曼牧師塞巴斯蒂安・克奈圃（Sebastian Kneipp）就已知道，人們可以如何在自然環境中康復。他曾在年輕時罹患肺結核，藉助在多瑙河裡的冷水浴治癒了自己。之後他被任命為牧師，仍繼續致力於研究另類的治療方法。克奈圃曾將形形色色的草藥加進自己以多種方式運用的冷水裡。由於他因此站在了保守醫學的對立面，而且更糟的是，他還免費提供一切醫療服務，所以多位醫師與藥劑師控告了他。所幸，克奈圃最終獲判無罪，也得以繼續實踐他的種種方法。時至今日，水療已是醫學的固定組成。

森林浴的源起也類似於此。其實在那之前人們就已曉得，在森林裡散步有益於恢復與增進健康。只不過，沒有人確切知道，為何會如此。科學的解釋是，因為樹木之間的化學交流與其他的揮發物質，如前所述。

可以確定，人體會對森林有所反應，不過，森林浴作為一種新興的休閒活動甚或治療方法到底代表著什麼，至此我還是不甚清楚。如果我們去求教一位這方面的先驅，日本醫科大學的李卿博士，肯定會很有幫助。這位教授目前在這所只有六百名學生的小型私立大學從事教研工作。這所高等學校在日本享有很高的聲譽，所做的研究極具開創性。所以李卿絕對不是一個浪漫的夢想家。他在二〇一八年時出版了一本篇幅達三百頁的書，名為《森林癒：你的生活也有芬多精，樹木如何為你創造健康和快樂》（*Shinrin-Yoku: The Art and Science of Forest Bathing*）。在書中，他不僅描述了種種研究，最重要的是，他還說明了，森林浴是如何運作的。[68]而且這確實也很簡單。選擇一座自己喜歡的森林（包括城市公園），利用它來放鬆自己。還要藉助自己所有的感官，沉浸在氣味、聲音和感覺中。根據李卿的說法，我們所要做的僅僅就只是接受邀請。自然母親自會搞定其餘的事。如此看來，或許根本就不需要一大本書，只需要一張傳單就行了。因為，針對後續的過程，所提出的建議還包括了，聆聽鳥語或是感受不同的綠色色調。李卿也針對做完森淋浴之後的時間提點了一些訣竅，像是進行一下茶道的儀式，或是在房屋裡撒點雪松屑，讓家居空間保有森林的氣味。

如果這時你覺得我認為那本書是多餘的，那麼我必須糾正自己。我們徹頭徹尾地忘記了如何與森林為伍、「就只是那樣地」在樹木之間漫遊，或是在柔軟的森林土地上躺個幾小時。做這種事會被認為是怪咖。如果這一切是發生在公認的保健方法的框架下，按照相關的指示進行，情況看起來就會有所不同。這正是森林浴對我的意義：一種允許在樹下放鬆的「類許可」。

其實我們早已見過類似的事情，像是北歐式健走，就是從森林漫步晉升為一項正式的健身法。從事這項活動，除了跑鞋以外，我們就只需要特殊的棍棒。這個想法源自芬蘭的一位體育系的學生。這位學生曾向某家滑雪杖製造商投訴，抱怨他們的產品在夏季時可利用率低，於是廠商就受到了這位學生的訓練計畫所啟發。滑雪杖很快獲得修改，一場全民運動也準備就緒。即使在溫暖的季節裡，滑雪杖同樣賣得嚇嚇叫；從那時起，數以百萬計的滑雪杖就穿梭於森林的小路上。

為了避免誤會，我得補充說明一下：這種訓練非常有益，因為它也涵蓋了上半身。此外也激勵了更多的人去戶外的自然而非在健身房裡鍛練。森林浴也會在我們自己的居住空間外帶來類似的愉悅。指導課程則還有另一個好處：有別於獨自在森林裡散步，然後很快地又回歸忙碌的日常，又或是草草地提前中斷慢活實驗，人們多半都會老老實實地把課上完（也許僅僅只是因為畢竟學費都繳了）。我之所以會決定，在我的森林學院所開設的課程中納入森林浴，這也是原因之一。

也許先前我自己也該多做點森淋浴，因為我也能體會，就這麼把某些事情放下不管，有多麼地難。在二〇〇八年時，一場所謂的「burnout」，也就是職業倦怠，找上了我。早在發生這場悲劇的幾週之前，我的內心就感到了些許的緊張和不安。原因出在林區的工作完全超出負荷；但這其實完全不是我的雇主所要求的。是的，當時我想竭盡所能地為保護森林多做點事。因此，除了擔任林區負責人的全職工作以外，我還興致勃勃地研擬各種企畫。

為了保護古老的山毛櫸森林，我催生了德國最早的其中一座生態葬森林。人們可在那裡選擇一棵樹，日後讓自己安葬在它的腳下。除了不必維護的墳墓以外，也讓古老的落葉林，至少在往後的九十九年裡（也就是租約的期限），免於森林砍伐之災。我還另外催生了一個原始森林的計畫，在這當中，只需點擊一下滑鼠，就能租借其他幾平方公尺的老山毛櫸森林。我的目的就是，盡可能多拯救在家鄉裡的最後的落葉林。此外，我還舉辦了一些研討會，嘗試從生態的角度去勸說獵人，敦促他們至少不再獵殺狐狸。我也在環保團體中發表演說，也和不少科學家共同合作。當我的兩位同事因病缺席，致使我不得不承擔他們的工作，這時我的身體就發出了抗議，向我說「不！」

職業倦怠是在薩爾廣播公司（Saarländischer Rundfunk）的現場直播中以恐慌發作的形式暴發出來。每十分鐘就如一陣浪潮襲來，在那當下我只感到，自己的心臟彷彿隨時都會停止跳動。不知何故，我還是憑藉意志力強作鎮靜，最終好不容易順利地把時間給拖完；只不過，在我的內心深處，我恐怕早已死了上千次。後來我去做了好幾年的治療，在此期間我則學會了，多注意自己的需求，稍微減少自己的森林救援計畫。這時如果你說：「等等！你現在不是又變得很活躍了嗎？」那麼我得有條件地同意你的看法。是的，我又再次萌生很多想法，只不過，這一回我做了遠遠更好的安排。我縮小了自己所負責的林區，而且森林裡的工作也大多都交給另外兩位同事。森林學院如今改由我的兒子托比亞斯（Tobias）負責，來自世界各地的邀約則是交由經紀人打理。此外，妻子也會幫忙注意我的行程安排。在這樣的情況下，如今我每週又能有兩天空閒的時間。我再也不會忽視身體所發出的警訊，像是輕微的心律不整，而且，一旦有所疑慮，我也更常會選擇說「不」，儘管這對我來說還是很難。

這一切與森林浴有什麼關係呢？好吧，我們住在森林裡的一間老林務員之家，我也常在林間閒晃。如果健康與樹木對人體的影響之間存在著那麼明顯的關連，究竟為何我會淪落到那種境地呢？

一方面，我們當然得問，如若沒有森林，我的情況又會惡化到什麼地步？另一方面，樹木的作用在一定程度的自我毀滅下也會無濟於事。如今我雖然已經學到了這方面的很多東西，但我卻還是不太容易就這麼簡簡單單地走入森林並自我放鬆。不過，有一回我倒是成功了。為了幫我慶生，孩子們安排全家一起在我的林區裡來場漫遊。雖然聽起來可能有些奇怪，不過他們必然意識到了，在自然裡一起度過的輕鬆時光，對我來說，肯定是最有價值的禮物。我們沿著一條狹窄的小路緩慢前行，在每朵上頭停有蝴蝶的花前佇足，隨意品嘗路旁樹上的深紅色櫻桃。在穿過一小片落葉林後，孩子們先是鋪開一張毯子，接著又準備好一頓豐盛的野餐。我們在樹下躺了一、兩個小時（其實我也說不準到底是多久），聊天、休息、忘記時間。這就是森林浴。對我來說，這是我所能記得的在森林裡最美好的一天；畢竟，在我這一生中，我已在森林裡待了數千個日子！所以，若是你也無法就這麼乾脆地躺在落葉上，即便自己確實很想這麼做，那麼不妨就在接受指導下來場森林浴！

我也大力推薦前述李卿的書，因為在它首先邀請我們在沙發上來場文學式的散步，會激發我們對森林的興致。可是，萬一所有看了森林浴書籍的讀者都想去森林裡走走，那可怎麼辦？這難道不會讓森林無法承受嗎？經常會有人這樣問，因為我喜歡鼓勵每個人多去森林或人跡罕至的地方散步。當然，超過一定數量的人確實會對自然造成負擔。然而，如果我們將遊客的干擾拿來與現代林業的負面影響相比，那麼遊客的干擾幾乎小到可以略而不計。

不妨想一想塞倫加蒂（Serengeti）。在這座非洲的大草原中，同樣也有許多不同的動物在互不干擾下彼此共存。牠們甚至似乎從來也不在乎對方。只有掠食動物（或人類的變種：獵人）例外，牠們的出現會造成壓力。然而，只要不是這些生物朋友的同伙，大可不必感到良心不安，大可好好地在森林裡放鬆自己。

自二〇一九年起，慕尼黑大學就開始提供森林健康訓練師與治療師的培訓課程，並且針對森林療法進行科學研究；簡言之，森林浴如今也受到了大學的加持。[69]因此，相信未來有一天，德國醫師同樣可以開出在樹下散步的處方。不單只有我們人類如此希望，相信樹木同樣也是如此希望，因為人類可以在這個過程中學習珍惜原始森林的價值。畢竟，有誰喜歡在單調、無聊的人工林裡閒晃呢？

問題在於，
我們能否從這一點，
重新認識自己與自然之間的古老連結。

18 自然藥局的急救箱

在探索樹木對我們的間接影響後，也該看看這些大塊頭如何直接照顧人類的健康。在這當中，顧忌的心態是最大的阻礙，誠如我在導覽中一再遇到的；舉例來說，大家其實可以無憂無慮地品嘗山毛櫸、橡樹和其他許多落葉喬木的葉子，它們不但無害，更有益健康。然而，當我鼓勵學員這麼做時，首先卻得面對一些懷疑、拒斥的表情。真的能就這麼啃嚼樹葉嗎？是的，可以的，至少在煦煦春日裡、在落葉樹吐新芽後，嫩綠的葉子鮮美微酸；拿山毛櫸或橡樹的樹葉做碗美味的沙拉，也都不成問題。

頭痛藥在森林裡其實是多餘的，楊柳樹為我們準備了同樣的東西，因為柳樹皮中含有柳苷（salicin，或譯水楊苷），而柳苷之名正是出自楊柳，因為柳樹的拉丁語屬名就是「*Salix*」。根據種類的不同，柳苷的含量最多能達到百分之十，在人體攝取後會轉化為柳酸（Salicylic acid，或譯水楊酸）。知名的阿斯匹靈，就是以乙醯柳酸（acetylsalicylic acid）為基底的合成藥物，雖然藥效更強，卻也具有更多的副作用，例如血液稀釋。如果不希望遇到這種情況，頭痛或發燒時不妨改喝杯柳皮茶。事實上，早自數千年前起，人們就會這麼做，西元前七百年流傳下來的古陶片也已經予以證實。柳酸的合成則是基於一八三〇年左右的研究，科學家窺得了柳皮茶的祕密，而現代我們吃的那一顆顆白色藥片，無非只是原生樹木成分的化學複製品。

知道這個消息後，如果馬上走入森林，剝下某棵柳樹的皮，當然不是什麼好事，簡直就是血淋淋的扒皮酷刑；不過，剪下幾根樹枝帶回家剝皮，這樣的傷害倒還在樹木可以承受的範圍內。沿著河岸就能找到的原生種白柳（*Salix alba*）特別有助於治療頭痛；而在丘陵地帶的森林裡，主要則能見到黃花柳（*Salix caprea*），通常生長在森林邊緣或皆伐的土地上。黃花柳這種幾乎無法達到十五公尺高的小樹，在高大的山毛櫸或橡樹下生長得通常不怎麼好，雖然它們的柳苷含量較低，但嘗試一下又何妨呢？如果不想剪樹，不妨在小溪沿岸或沼澤地帶找找看西洋夏雪草（*Filipendula ulmaria*）。這種白花藥草聞起來濕潤清甜，含有類似柳樹皮所含的物質，所以用採自六、七月間的花朵泡茶，也有同樣的效果。

森林不單能緩解頭痛，也有辦法解決昆蟲的叮咬或其他的腫脹。我們只需找棵楓樹或是一片楓葉，將其輕輕揉碎，敷在被叮咬的部位上，就能有助消腫，這對消除長途遠足所造成的雙腳浮腫也很有效。

相反地，橡樹有助的是人體內部，例如緩解喉嚨發炎。為此，我們需要來點橡樹皮，先將橡樹皮泡成茶，再慢慢啜飲。但這時最好不要像剛才提到的裁剪柳樹枝那樣去剝橡樹的皮，因為此舉會嚴重損傷橡樹。不過，搭一下落葉林經濟伐木的順風車，倒是一個可行的方法，可以在那裡趁機從剛剛倒落在地的樹幹上擷取一點樹皮。當然，上藥局購買經過人工乾燥與包裝的橡樹皮茶會更容易。

春季新鮮的雲杉芽也能泡茶，當中含有大量的酸及維生素C，喝起來讓人聯想到檸檬茶；不過，若是拖到年尾，苦味物質會增加，喝起來就不像檸檬茶的酸甜口感。那我們為何不乾脆喝檸檬茶就好了？誠如截至目前為止我所介紹的所有應用，重點都在於重新與自然交融。

我並不是要大家像石器時代原始人那樣過活。只不過，若能在日常生活中利用一下這些小訣竅，將有助於我們更深入地了解森林，從而促使我們再次親近森林。此外，這些樹木的成分既不含農藥、也未經其他加工。再者，小孩子也特別能領略這種採集的樂趣，大人可以做點樹脂口香糖，討討這些小怪獸的歡心。只需要找到一點清澈、硬化的雲杉樹脂滴——雲杉是德國森林裡最常見的樹種，紅褐色的樹皮與垂懸的長圓錐體可謂是它們的註冊商標。別擔心，松樹、花旗松、冷杉（*Abies*）或落葉松（*Larix decidua*）也都無毒，只不過雲杉樹脂的效果特別好就是了。

先將雲杉樹脂滴放入嘴裡，然後在口中慢慢將樹脂加熱至體溫的熱度。在等待加熱的期間，不妨試著輕輕嚼嚼看，樹脂是否已經變得柔軟。切記，請勿硬咬！否則樹脂滴就會粉碎，然後釋放出一大堆苦味物質。所以請慢慢來，緩緩地出力咀嚼。若出現苦味物質，請直接吐掉（是的，現在終於明白，為何樹脂口香糖只適合在森林裡做），直到最後會形成一個可咀嚼的粉紅色樹脂團，那就大功告成。樹脂口香糖的味道見仁見智，不過樹脂的基本特色倒是顯露無疑，為親友充當踏青導遊的時候，若想玩點小花樣，這會是旅途中的一大亮點。

樹木甚至還為廚房也準備了一點東西：花旗松的針葉帶有橘皮的苦澀味，因此非常有益於各種菜餚的調味。

動物界同樣為我們準備了一些藥品。蜜蜂等昆蟲甚至還提供了抗生素，那就是蠟狀的蜂膠，是從樹幹與芽中採集的樹液，富含蜜蜂的唾液；可用來當作大面積的消毒劑，也能構成一個消毒層，作為防禦異物（最大可至老鼠的大小！）保護套。房屋的孔洞也能用蜂膠密封，某些養蜂人會從所養蜜蜂處收集這種天然黏膠，將它們溶解為酊劑，作為製藥業產品的替代品。

說到蜜蜂，順道一提，萬一不幸被牠們或其狂野的好姊妹（例如黃蜂）螫傷，可以在傷口上敷點車前屬（*Plantago*）的草藥，德國常見的車前草可分為長葉車前（*Plantago lanceolata*）和大葉車前（*Plantago major*）兩種。「車前」之名道盡一切，因為這種植物不止生長於草地上，還特別喜歡沿路生長。這十分方便取用，只要不是位處人跡罕至之處，在許多地方我們都能馬上取得這種好用的急救資源。將車前草磨碎或嚼碎，壓在遭受叮螫的傷口上，這些糊狀物便能同時有助於減輕疼痛與消毒。

當然，來自森林的藥物並非什麼新發現。早在中世紀時，大家就已經知道藥草的妙用。問題在於，我們能否從這一點，重新認識自己與自然之間的古老連結，那條早在現代人類首次登上歷史舞台之前就已存在的連結。

為了弄明白這一點，觀察一下動物界或許會很有幫助，尤其是觀察一下我們的近親。舉例來說，人們曾觀察到，黑猩猩會服用苦味樹葉的漿汁，來排泄腸道的寄生蟲。然而，研究人員又如何能確定，黑猩猩是為了獲取熱量、還是為了自我治療，才吞下那些植物性的食物？很簡單，那些樹葉是有毒的，對黑猩猩也不例外，不過牠們顯然確實知道，在不傷及自己的前題下，該攝取多少樹葉的漿汁。而且唯有當體內的寄生蟲猛烈作亂時，才會去服用那些有毒的植物——黑猩猩顯然相當清楚自己在做什麼。[70]

猩猩會用天然的藥物自我治療，這點對我們來說，或許還是可以想像的；不過，與人類親緣關係相對較遠的那些動物，又會怎麼做呢？以林中飛鳥為例，牠們不僅會利用植物擺脫寄生蟲，還會利用其他動物的服務。例如，當牠們想消除蟎蟲或類似的害蟲時，螞蟻就會淪為非自願的協力者。為此，鳥兒會張開羽毛，蹲伏在一堆這種成群生活的昆蟲上。而昆蟲會啃咬所有的不明物體，特別是還會噴灑牠們的苛性酸，藉以抵禦牠們所認為的攻擊者。在這個過程中，螞蟻就會殺死隱藏在鳥羽間的所有寄生蟲。

人類祖先在遙遠的過去是否也曾這麼做呢？畢竟，在我們這個時代裡，也有一些號稱「有練過」的人，會赤身露體躺在蟻丘上，接受螞蟻的啃咬；據說，這有助於對抗風濕。不過，除了基於保護自然的原因，禁止這麼做以外，的確也沒有任何證據表明這會有療效。

朱砂蛾（*Tyria jacobaeae*）就會藉助植物來維護自身安全，這種飛蛾的幼蟲特別喜歡吃一種具有毒性的植物——澤菊（*Senecio jacobaea*）。由於澤菊擴散到許多草地與休耕地，因此近年來廣受關注。如果這種植物毒性不是那麼猛烈，它們本身其實沒有什麼問題。澤菊會用所謂的吡咯聯啶生物鹼（pyrrolizidine alkaloids）來保護自己，如果馬、牛、綿羊或山羊誤食這種植物，有可能會致命，或至少造成慢性的肝臟損傷。每多吃一點，情況就會更加惡化，直到某個時候，也許是在數年後，吃下了跨過門檻的最後一小口，那隻動物的生命就會走到盡頭。對我們人類而言，澤菊同樣具有危險性。糟糕的是，它們的葉子看起來跟芝麻葉很像，人們常常搞混而不自知。二〇〇九年時，有人在一包芝麻葉裡意外發現其中居然夾雜了部分澤菊，導致這種沙拉愛用菜的市場一夕崩盤。[71]

朱砂蛾正是利用這種劇毒，儘管其幼蟲也會吃其他植物，但澤菊所散發出的有毒物質，卻讓幼蟲如著魔般強烈被吸引。生物鹼不會傷害朱砂蛾的幼蟲，而會聚積在組織中，使這些幼蟲同樣具有致命的毒性。這便是朱砂蛾抵禦掠食敵人的法寶，為了讓敵人也能識別危險，便為自己加上和黃蜂一樣的顏色來警告，也就是黃黑色的環。

有別於朱砂蛾的行為是受本能所驅使，家麻雀（*Passer domesticus*）的例子倒是漂亮地證明了，牠們能針對性地使用周遭的物質作為藥物。墨西哥國立自治大學（Universidad Nacional Autónoma de México）的伊莎貝爾・羅培茲魯爾（Isabel López-Rull）與團隊研究了麻雀巢，發現許多麻雀都會利用菸蒂裡的纖維築巢。在這些殘餘物中含有特別多的尼古丁，有助於大幅減少巢中的蟎蟲。[72]正是因為在此案例中，麻雀所利用的不是植物，換言之，不是天然的藥物，所以能推論出「牠們是有意識地使用菸蒂」的結論。

對天然藥物的利用絕非人類的發明，而是我們與其他生物的連結。倘若從今天開始，我們再度為自己強化這種自然藥局，那麼此舉絕非什麼帶有生態色彩的時尚，而不過是回歸根源。說到根，要是有棵樹木病了，我們又該怎麼辦呢？我們有辦法幫助它嗎？我們能否看出，樹是否真的需要幫助呢？這個問題至今依然爭論不休，因此仔細觀察一下各派立場，會十分有意思。

邀請真菌前來，
讓真菌啃噬自身的木材，
這其實完全取決於老樹的意願。

19 樹也要看醫生？

我們對自然的熱愛常會導致，當其他的生物朋友生病時，就會想及時伸出援手。與人類關係親近的物種（哺乳動物），或是特別令人印象深刻的生物（例如樹木），就會特別受到關照。由於樹木在我們居住的地方占據主流地位，因而成為德國人首要的關懷對象。

當城市裡的老樹開始腐爛時，警報級別多半都是紅色。畢竟，這不僅關乎那些大型植物的生存，還關乎居民的安全，因為重達好幾噸的樹木若是一朝倒下，恐將危害居民的生命。所以這時樹木的照護者就會登場，他們會去檢查一下，究竟是該拯救這些大隻佬、抑或是該將它們移除。在過去的幾十年中，人們顯然從牙醫那裡抄襲了太多東西。因為腐化的樹木會如蛀掉的臼齒般被刮開、鑽空、接著再填充。差別只在，填料不是汞合金，而是混凝土。乍聽之下，此舉很合理，不是嗎？畢竟，這樣一種混凝土填料會還給樹木必要的穩固。然而樹幹並非剛性結構，木材是纖維與漿糊的混合物，可以像玻璃纖維塑料製成的桿子一樣具有彈性；但混凝土製的樹幹芯卻幾乎不可能具有這種彈性。如果做個比較殘酷的比喻，這就好比在我們的脊椎裡插了根鋼桿，如此一來，一個活動自如的生命就會劃下句點。

對樹木而言，較低的活動性意味著，樹冠分枝更容易在暴風雨中折斷。此外，使用混凝土填充後，真菌也會更容易散布，這主要是因為，為了挖空木材，健康木材內部的密封區往往會遭到真菌突破。這就像是結痂的傷口再度被大面積地劃傷。再者，混凝土在雨天裡很容易被雨水浸濕，這些水分接著又會慢慢地向內釋放。這對真菌來說是極佳的生長環境，可以不受打擾地直接生長到健康的木材裡。從外觀上看來，一切似乎都很好，然而，樹木的腐化與危險性卻在急遽增加中。

以上所說的是過往的作法，如今人們偏好仔細地觀察樹木。人們會定期地檢查樹木，藉以確認還有多少健康的殘餘木材，以及是否足夠穩固。如果判斷是否定的，那麼人們就會小心地縮減樹冠，藉以減輕重量。如此一來，樹木就還能再留存數年。然而，誠如大家所見，縮減分枝總會伴隨著許多負面的情況。

你是否曾見過慘遭「肢解」的行道樹？你是不是覺得，這就宛如有個樹木虐待狂，把自己的幻想發洩在那個毫無防禦能力的生物上。不過，真正的原因多半遠遠較為乏味，也就只是想省錢罷了。因為，樹冠的縮減其實該由訓練有素、喜愛樹木（這點同樣也很重要）的人來做。這個人得清楚了解，這時是有個有感覺的生物正受到傷害。即使我們無法確切知道樹木對傷害的感覺，但那也是一種疼痛，誠如法蘭帝許．巴洛斯卡教授所明確指出的。

若有必要對這麼一個巨大的生物做這樣的事情，那麼首先應該仔細考慮是否該進行，其次則要設法盡可能地把傷害降到最低。

遺憾的是，城市中的情況正好相反；在這裡，我不得不談談關於錢的問題。聘請樹木專家的費用，通常會比聘請市府建材堆置場的員工來得昂貴。此外，特別是在落葉後的秋天，往往都會有段空窗期，在這段期間裡沒什麼工作可以做。由於薪水還是要付，不如就讓自己的員工去執行縮減樹冠的工作。這些員工通常都會大膽地動用電鋸，而且還會把工作做得特別徹底。如果需要縮減，他們就會猛烈縮減。道理很簡單，因為大砍一回他們就能清閒個好幾年。樹木需要花很長的時間才能長回原本的大小，在樹冠恢復之前，都不需要做這種苦差事。不幸的是，事實並非如此，修剪之後就會引發一連串的災難。

首先，樹木通常會面臨一股巨大的壓力。畢竟，它的一些有力的肢體遭到截除——大舉裁切樹冠就好比截除雙腿。內部的物質流會被倉促地改道，樹木也會嘗試盡快地（不幸的是，這事樹木通常做得很慢）封住傷口阻擋病原體。然而，這種嘗試卻永遠也無法成功，至少當傷口大於三公分時無法成功。存在於每立方公尺的空氣中的真菌孢子，會在數分鐘內觸及切割表面，進而開始發芽。在接下來的幾年裡，真菌會吞噬掉殘餘部分，一步步動搖整個樹幹的穩定性。另一方面，這時樹木也會變得非常飢餓。在大分枝活生生遭到移除之後，當然也會喪失大量的樹葉。

或許你會覺得，情況倒也沒那麼悲慘，畢竟，這時樹木不也少了需要照顧的一些身體部位。然而，人類永遠只會注意自己看得到的地方。每棵樹在地底下都有個適合其大小的根部系統，它們會消耗大量的能量。在裁減樹冠後，根部會連帶地無法獲得充分的給養。其結果就是，根部的大部分也會跟著死亡。

為防止風暴侵襲而執行的修剪，往往都會適得其反。因為，隨著根部的死去，穩定性同樣也會減損。除此以外，還有另一項潛在的風險。為了生存，樹木會形成新的枝叢與特別大的葉子。它們正在挨餓，唯有藉助樹葉，才能製造救命的糖。這些分枝日後會變成主幹。再者，由於發芽的傷口會因真菌侵襲而腐爛，因此這些枝叢到了某個時候就會折斷，反倒製造了人們原本打算藉由修剪消弭的危險。

所以呢？一般說來，我們無法藉由修剪、裁截來幫助樹木。反之，若是想要排除危險，小心修剪遠離主幹的細枝藉以縮減樹冠倒還可行。不過，在大多數其他的情況下，唯一的選擇就是完全移除。聽起來很殘酷嗎？我也這麼覺得。真正的解答應該更早啟動。城市規劃者與屋主應該仔細考慮，要把樹木種在哪裡，更重要的是，如果自己的想像力不足，無法體悟所種植的樹木能長多高，那麼就應該請教一下專家才是。

且容我再次回到樹木對人類的危險性這個問題上。在城市中，傾倒的樹幹通常都會阻礙汽車通行或房屋出入，從而也會妨礙居民。不過，就算是在鄉間，同樣也是會有道路、鐵軌和人們會去走動的漫步小徑。令人遺憾的是，一再會有死亡的慘劇傳出。雖然這種情況極為罕見，但這樣的慘劇卻往往會引發標舉「交通安全義務」這種標語的過度反應。這種義務代表著：如果我們擁有一棵或多棵樹木，我們就得對它們所造成的危險負責。這就類似於養狗，為此，飼主最好購買寵物主人責任險。

至於樹木，它們其實是屬於我們的土地的一部分，基本上也是這麼處理。唯有因樹枝的掉落而造成傷亡時，問題才會變得棘手。這時我們所遇到的是一個沒有任何保險可以提供保障的刑事案件。由於沒有人願意因腐爛的樹木而入獄，因此近年來人們對這個話題變得過度敏感。於是開啟了一場惡性循環，不僅威脅到城市樹木的生存，也威脅到被道路給截斷的森林的生存。

我們的出發點是，樹木有益健康、有助於延年益壽，如前所述。如果說，一個社區植有二十一棵樹可以延長居民的平均壽命一年四個月，那麼，生病的樹木所具有的縮短平均壽命的風險，情況又是如何呢？為此，我翻閱了大量的統計資料，可惜尚未真正有所發現。問題在於，其中經常混雜了許多不同的原因。每年都有許多道路使用者因樹木而死。然而，經過細究就會發現，那些悲劇其實是駕駛所致，多半是因為汽車偏離車道後，才去撞到路旁的樹木。另一種原因則是自然災害，例如暴風雨，往往會將樹木連根拔起，導致路人因重壓而傷亡。然而，這類事故與屋頂建材掉落所造成的事故幾乎沒有什麼不同；況且，暴風雨這種天氣狀態意味大家應該盡可能待在家裡，盡可能不要出門。我認為，不能將這種極端的狀況歸咎於生病的樹木。畢竟，在晴朗無風的天氣下被掉落的樹枝砸中，或是在沒有任何外部影響的情況下被整棵倒塌的樹木壓到，這類意外事件的總數往往屈指可數。

再者，我想進一步將這一切與德國的總人口加以連結。假設，每年有二十起死亡案例（這是根據關於這類事件的新聞報導加以提高的數字），身故者的平均年齡為四十歲。根據德國的總人口加以換算，這代表著：八十歲的平均壽命會因具有危險的樹木而減少百分之零點零零零零一。反之，在城市裡植樹，卻能讓平均壽命延長大約百分之一點八。兩者相差了十八萬倍！即使現在人們想要進行「整頓」，減少一下樹木的數目，從而使得這個比率稍微縮小一點，在這兩個方面之間卻依然存在著巨大的規模差距；這樣的差距就足以令人質疑，是否真該徹底移除所謂的危險樹木。我之所以會強調這一點，無非是因為，交通安全如今幾乎成了某種強迫症。

根據德國聯邦統計局（Statistisches Bundesamt）的統計資料，單單在德國就有一萬八千平方公里的土地用於交通。這當中有許多道路是穿過森林地區。在那些地方，我們可以找到許多不堪負荷的林務員。他們得要維護森林邊緣的安全，得以書面形式保證，人們完全不必擔心在他們負責林區裡的成千上萬棵大樹。就算它們當然不是全都長在道路或漫步小徑旁，三十公尺高的樹木當然也可能會倒向三十公尺外的地方。因此至少也要監控一片這種寬度的範圍，從而也會包括一大片的森林。

為此，人們擬定了一套程序，規定每年得對相關的樹木進行兩次目視檢查，一次是在有葉子的狀態，一次是在沒有葉子的狀態，這意味著，夏季與冬季各一次。然而，這該如何實行呢？開車執行是行不通的，因為離道路較遠的樹木會無法獲得檢查。況且，這樣也無法目視檢查樹幹的背面。所以負責檢查的人得要下車步行。但步行卻也並非只是沿著道路走，是的，必須彎彎曲曲地沿著三十公尺的地帶走，以免錯過任何具有危險的候選者。那麼，檢查是什麼意思呢？比方說，如果有個奇怪的蘑菇從樹幹上的一個啄木鳥舊日洞穴探出頭來，這代表著什麼呢？它正在向負責人揮手，威脅對方將有一場牢獄之災嗎？又或者，這其實只是它所屬的物種無害的代表，不僅一點也不會妨礙樹木的健康，甚至還是生物多樣性的重要組成？我不知道，我的大多數同事肯定也不知道。

然而，如果不想自找麻煩，在有疑慮的情況下，就會砍掉每棵有點可疑的樹。極端焦慮的人則會砍倒車道左右兩側在前述地帶內的所有樹木。這麼做還有另一個好處，只要費事地封鎖一次道路，不僅可以出售木材牟利，接著還能享受三十年的清閒，換言之，一路輕輕鬆鬆地做到退休。這也難怪，這種全方位無憂無慮的模式會在全國各地受到仿效。這種做法的問題正是在於，就連在法庭上，也被評價為良好的、專業的做法，換言之，被當成了衡量個人不當行為的標準。試問，有誰會不想從「善」如流？另一方面，我也從未聽說過，有哪位同行，由於忽視或誤判了某棵後來果真造成實際危害的樹木，因而鋃鐺入獄。

那麼，有替代方案嗎？有些樹木照護者同時也是研究破壞木材的真菌領域的專家。他們會評估可疑的樹木，解除警報，或是在必要時安排砍伐樹木。他們還會判斷在施工期間根部受損的樹木的穩定性。就連我自己也經常需要這類服務，而且不單只是在負責的林區裡。在我的花園裡有棵松樹，早在幾十年前，它就在一場暴風雨中傾斜了四十五度。那棵樹大約已有一百四十歲，因此也又大又重；它究竟是如何能在如此傾斜的狀況下撐超過一天，這點對我來說仍是個謎，我的鄰居也同樣不解。為了釐清安全性，我請了一位先前曾在林區裡服務良好的專家過來。由於他對各種細節瞭如指掌，因此拯救過許多樹木。順道一提，這才是真正專業人士的本色。糟糕的鑑定人，就會像不想自找麻煩的林務員那樣，為了安全起見，乾脆把所有可疑的樹木統統砍光。

相反地，這位專家卻給出了解除警報的結論。那棵松樹札根良好，穩固到可以安全無虞地原地留存；聽到這樣的消息，我自然非常開心。畢竟，林務員之家的土地是森林的一塊土地，這種情況也該繼續保持下去。

然而，為何不是到處都這麼慎重地檢查呢？你或許已經猜到了。這同樣也和金錢有關。無論如何，反正都已經付給了林務員薪水，上級機關不妨就繼續增加其他的任務。這很省錢，而且還能至少在書面上息事寧人。於是壓力被向下傳遞，進而導致沿路盡是伐禿的景象。解方是新建一支專門負責這個方面的專家大軍，他們每年可以拯救成千上萬的樹木。倘若我們把對健康與環境的正面影響一併計入，此舉在財務上其實是相當划算。

在參觀波蘭與白俄羅斯的比亞沃維耶扎原始森林時，我突然想到了一個完全不同的問題。我曾在那裡和一位科學家友人——皮奧特・蒂斯科奇米洛維克（Piotr Tyszko-Chmielowiec）一起漫遊。那裡到處都是死去的粗樹幹，還有許多巨大的橡樹與菩提樹，它們的樹幹厚達數公尺，內部腐爛而中空，宛如火爐的煙囪一般。在那之前，我一直認為，這種分解過程對活樹而言基本上是不利的。這種想法在許多情況裡可能也是對的，但皮奧特卻藉著那些倒下的巨木為我指出了，真菌的侵襲也可能會有完全不同的原因。他認為之所以邀請真菌前來，讓真菌啃噬自身的木材，這其實完全取決於老樹的意願。這聽起來有點像是慢性自殺，不是嗎？如果我們同意皮奧特的觀點，那就不是慢性自殺那麼簡單。邀請這些寄生者的決定性因素其實是，樹木無法離開自己所在的位置。幾個世紀以來，它們藉由自己的根部吸收了在樹幹底部周圍區域中所有可供利用的養分，尤其是礦物質與氮化合物，到了某個時候，可供利用的養分告罄，從而也敲響了樹木的喪鐘。畢竟，在歷經五百年的歲月後，多達三十公噸的生物質被鎖進了一個完全成長的原始森林大塊頭中。之所以被鎖住，那是因為樹幹內部的活組織及停擺的年輪不再參與生命的循環；在循環中，生物會被其他生物分解，從而讓養分可以再次獲得釋放。於是土壤變得愈來愈貧瘠，到了某個時候，所有可供取用的東西都會被用光。

為了還能再撐個幾十年、甚或幾世紀，樹木所要遵循的準則就是：把自己幹掉做肥料！穿透樹幹傷口入侵的真菌，在它們的啃噬活動中，會將木材分解成某種柔軟、易碎且潮濕的腐殖質。此時這棵樹木可在內部讓根部生長到這些「土壤」裡，從而再次吸收它自己早年曾以年輪的形式儲存起來的那些養分。

我的第一個聯想是幅自殘的景象，不過也許把這種情況比喻成反芻會比較好。如同牛隻，把胃裡的東西再度吐回嘴裡並咀嚼，那些樹木也一樣，分解自己樹幹內層的內容物，然後再次吸收它們。只不過，有別於牛，樹木的那些內容物過去曾是它們的骨架的一部分。這似乎就是問題的癥結所在：樹木難道不會因自己的支撐元素遭到分解而變得不穩定甚或折斷？這正是至關重要的問題，它的答案則取決於，真菌侵害了哪些與多少木材。樹幹的最內層，源自幼樹時期的那些最古老的年輪，並不影響樹木的穩固。我們可以從每根鋼管上（例如自行車的車架）看出這一點，鋼管的內部也是空心的，但卻仍具有完全的負載能力。只要樹幹腐爛的程度不超過三分之二，通常還是會具有完全充足的穩定性。[73]

跳到另一個場景。二〇一八年十月，來自英屬哥倫比亞省（British Columbia）的作家羅伯特．摩爾（Robert Moor）前來拜訪我。我們談論了社會系統的普遍適用性。有鑑於樹木的社會能力，它們的生活能否與人類的社群相提並論，兩者的背後是否有個共同的原則？起初我的答案是否定的，因為樹木具有更明顯的均衡能力。在一個物種中，原始林樹木會透過根分享糖溶液，透過香氣交流與根部交流相互警告危險，簡言之，沒有個體居首和資產積累。當然，這種情況在人類的社會系統中原則上也存在。藉由稅賦制度，富人把財富投入一個大鍋裡，窮人則可從中獲得救濟。如此一來，就有一定程度的均衡，只不過，無法超越一個相對較低的基本水平。

有別於，成熟的樹木會透過上述的過程，將一己之力分享給其他的個體，促使個體之間的能力差異相對較小，在人類的社會中卻存在著巨大的差異——像是比爾・蓋茲這樣的人，能累積出足以持續支持許多小城市的居民的龐大財富。至於森林方面，情況則完全不同。

或者，其實並非如此呢？在與羅伯特・摩爾交談的過程中，先前與皮奧特的對話又再度浮現在我的腦海中。一棵大樹難道不也聚斂了大量的養分嗎？雖然它在一定的程度上與鄰居分享了這些養分，然而，在歷經幾個世紀後，樹幹裡已經不可分割地積聚了巨大的庫存，周圍的土壤也被掏空，再無可用的礦物質。藉由腐化自己（有意或無意），會再次釋出養分，在這個過程中產生的腐殖質，不單可以為己所用，同樣也可以為鄰居所用。

另一方面，比爾與梅琳達・蓋茲基金會（Bill & Melinda Gates Foundation）所提

供的腐殖質，則是由一個財力雄厚的銀行帳戶所構成。在超級富豪中，比爾．蓋茲的作為顯然不是例外，而是常態。無論是演員、企業老闆，抑或是足球明星，許多有錢人，在財富累積到某個程度後，就不再認為擁有盡可能多的錢有任何意義。儘管他們會想保留「什麼人能以什麼方式從自身財富中獲益」的控制權，不過，無論如何，他們都想釋出其中的一大部分；否則的話，便會受到社會良心的折磨。

這種情況基本上難道不是和森林的分配系統一樣嗎？樹木的社群與人類的社群最在意的就是穩定，而不平等則會危害穩定。如果一棵樹的周遭盡是些體弱多病的同伴，大量的養分對它來說又有何用呢？如果整片森林羸弱不堪，那麼即使是一棵強壯的樹木也不會特別長壽。誰來營造清涼的夏季氛圍，萬一它自己病了，誰能幫助它？每個億萬富翁也都會拿類似的問題來問自己，亦即若是發生什麼不測，所身處國家的社會制度能否拉自己一把。

因此，當我們見到那些內部被真菌化為肥料、貌似生病的樹木時，我們應當再多思考一下，是否真的該出手干預。一方面，我們的健康有賴於周遭的樹木；另一方面，這也有可能是「自然並不代表鬥爭，而是代表團結」的另一項明證。唯有在極其緊急的情況下，才該動用電鋸移除這樣的明證。

在某些人看來，這樣的詮釋似乎過於牽強。他們甚至認為，對自然的熱愛是我們當今的一種特殊現象，那就是逃避現實，或者用比較科學的方式來說——逃避主義（escapism）。

城市這個人工世界帶給人類很多刺激，
但我們並非為此而生。

20 嚮往理想世界的本能

走向自然，尤其是走向森林，這種趨勢真的一定是正面的嗎？或者，這其實顯示出有愈來愈多的人，不想再在閒暇時間，還聽到任何與政治或環境破壞相關的消息，而企圖尋找一個其實根本不存在的理想世界，以從現實中脫逃？

我經常會聽到這種與我那些樹木暢銷書相關的指責，這些書也因此跟推理小說一樣，被歸類到虛構文學的行列，這種想法其實並非負面。然而，我的讀者卻也因此被認為無意進一步認真對待，那些圍繞在我們周遭數量最多的生物。人們其實是想逃離日常生活，這點可藉助電玩、追劇，或靠閱讀諸如我的書之類的自然書籍來實現。

經歷一天的忙碌後，我們當然會想尋求放鬆和消遣。無論是做做運動、吃吃美食，抑或是讀本好書，藉助對比的活動從工作中恢復元氣，這並非逃避，而且再正常不過。人類自從出現於此星球上以來，就一直在以各種不同的形式做這件事，這正是樂器和洞穴壁畫等諸多文化事物之所以發展出來的原因。

如今，我們在日常生活中，多半只被文化的事物所包圍。我們的房屋、汽車、街道和工作場所，難道不都是以人造的形式、非天然的材料，以及完全與森林及草地的芳香無關的氣味所構成的嗎？畢竟，文化是自然的對立面，其囊括了人類所創造的一切。就最廣義而言，這還包括了田野，甚至也包括栽種針葉樹的森林。然而，如果我們整個日常生活空間的構成都沒有自然的成分，我們豈不應該時不時去探訪一下自然生態系統？這難道不是對環境的一種本能渴望，而人類的感官，不也正是為此而生？如此看來，我們或許可以把這股回歸自然的趨勢，詮釋為逃脫自建牢籠的渴望，而非視為以放浪不羈的方式來逃避現實。

然而，正是在這層意義上，除了「祕教」一詞外，「逃避主義」也成為批評者愛用的負面用語，拿來形容這股熱愛森林的潮流，往往還會再配上一個耐人尋味的標題，像是「樹木是更好的人嗎？」

以此為題，文學評論家馬丁．埃貝爾（Martin Ebel）在瑞士的《每日廣訊報》

（*Tagesanzeiger*）上發表了一篇文章，宣稱森林作為自然的縮影、作為城市與工業的對立面，是德國的一項發明；而將野性的自然升級為心靈的空間，則是浪漫主義者的傑作。[74]他認為對森林的某種特殊感受，是西方人獨有的特質，不過他倒也沒有否認森林對身心影響的相關科學發現。在我看來，埃貝爾是陳舊自然觀的典型捍衛者，認為自然是部巨大的機器，是個沒有靈魂的體系，而近來尋求救贖的環保人士，則正熱中於探訪這個體系。

他所說的倒也並非全錯，至少在歐洲看待森林的方式有所轉變這一點，確實是浪漫主義者讓森林恢復了正面的形象。有一回，我有幸造訪位於巴登—符騰堡邦大片森林區申布赫（Schönbuch）的「奧爾嘉小森林」（Olgahain）。當時正值七月，我們在酷熱中錄製我的一集電視節目，穿越重重的森林（更準確地說，人工林）走了幾個小時。途經樹幹只有幾十歲大、卻已變得單薄的落葉林之後，緊接著映入眼簾的是十分稀疏的松樹林，其中還夾雜許多新鮮的樹樁，那些躺在路旁的木材讓我聯想起擱淺的鯨魚。

爬了一段陡坡後，景色也為之丕變，我們來到一片古老的山毛櫸林，那裡的空氣明顯涼爽許多。林中交織許多帶有石階的小徑，隨處可見邀人停歇的長椅，穿透巨木樹冠的幾縷陽光，灑落在一些小池塘的粼粼波光之上。我原以為那是個半天然的森林，但製作人亨寧卻告訴我殘酷的事實。與我想的完全相反，那裡一點也稱不上自然。事實上，那片山毛櫸林只是一位信奉浪漫主義的俄羅斯女公爵奧爾嘉下令修築的建築群的一部分。她的丈夫，即符騰堡的國王卡爾，在一八七一年時命人在山腰上栽種了一些樹木，沒想到短短幾十年後，那個建築群就逐漸荒蕪，慢慢地為人所遺忘。直到一九七〇年代，森林管理單位才精心將之修復，在修復的過程中，樹木的部分基本上未受任何影響。這也就是為何，如今那片樹林當中雖然交織許多受到妥善維護的步道，看起來卻宛如原始森林。

且讓我們回頭談談浪漫主義。歐洲人真的是從那時起才成為森林愛好者嗎？在那之前，是不是都把森林看成恐怖故事的黑暗巢穴，就像格林兄弟在童話裡一再描述的那樣？最重要的是，是否只有我們「西方」人把森林視為嚮往之地？除了「祕教」與「逃避主義」這兩個詞彙以外，「頹廢」（Decadence）一詞也浮現在我的腦海。若想醜化我們對自然的重新摸索，它就是貶抑聯盟的第三位成員。

我們是否真的頹廢、吃飽太閒，只是想在這個在物質上近乎完美的世界裡，為自己的厭煩找一個出氣筒？針對這種想法，我們經常可以聽到以下的論調，在力挺人工針葉林且拒斥森林保護區：如果我們在自己的完美世界裡保護森林，禁止砍伐任何木材，那麼木材的需求勢必得藉由增加進口來滿足；然而，這意味雨林將會遭受更嚴重的濫伐，所以最好開放所有原生森林的伐木許可。

在我看來，這種言論才是真正頹廢的表徵。不過想藉助這種論點掠奪自然資源，無視規範（例如生態系統的永續）的敗壞，甚至出言威脅，否則就要去掠奪其他的地方，這樣的人只是顯露出自己的無知。事實正好相反，讓更多的森林能受到保護，這在物質與文化上都十分重要。有什麼會比正面的情緒更能好好保護森林？浪漫主義者只是重新發現了這一點，因為，早在黑暗的中世紀之前，人們就曾以迥異的想法去看待樹木，日耳曼人與凱爾特人的樹木崇拜都反映出這一點。

在我看來，自然、特別是森林日益無窮的魅力，可說是某種人類的回歸，亦即從所居住的人工世界中，至少暫時重返生態系統；我們是為了這個生態系統而生，最終也還是完全依賴於此。城市無非是人類種種產物的凝聚，儘管這些產品在城市中互通有無，但通常不是在城市製造的，更重要的是，也不生長於建築物之間。城市這個人工世界帶給人類很多刺激，但我們並非為此而生。

噪音就是一大刺激，德國聯邦環境局（Umweltbundesamt）曾在二〇一六年做了一項重要的調查，其中也問及噪音汙染的主要來源。街道的噪音居首，鄰居則令人訝異地排名第二，工業、空中交通和鐵路緊跟在後。多種噪音同時發威的情況也十分常見。[75]

噪音會導致心血管疾病。因此，世界衛生組織建議，持續性的夜間噪音最好不要超過四十分貝。[76]

這意味任何比低聲耳語響亮的聲音，長久下來，都至少會引發睡眠障礙。在大自然裡過夜會是替代方案嗎？不一定，因為森林也並非寧靜無聲：樹木會在風中沙沙作響、鳥兒會啼唱、鹿群會嘶吼，區區一場小雨就能達到四十分貝的狀態，暴雨有時甚至會超過八十分貝，相當於手提鑽所製造出的噪音大小。只不過，有別於城市，那些噪音不會持續存在，而且也不會太吵。

若有興趣來場小小的「歷險」，不妨親自在夜裡到森林裡去試試。乾脆來場夜間漫遊吧！在法律上，人人都絕對有權這麼做。動物也不會想來妨礙，除非你表現得格外安靜——基本上，我們在動物的眼中會被視為「獵人」，帶給那些四隻腳的朋友壓力。

如果想尋找傳說中的怪異聲響，恐怕只會徒勞無功，儘管夜間的森林並非完全無聲，不過通常還是寂靜非常。在太陽下山後，風會跟著沉睡，大多數的動物也會保持沉默，頂多只有一、兩隻孤獨的貓頭鷹，會自個兒在那「呼呼呼呼」地呻吟著。就連我們的林務員之家裡也十分安靜，以至於有些客人由於過於安靜，反而睡不好覺——他們懷念窗外的電車聲，或者是輪胎摩擦柏油路的聲音！一般說來，睡在樹下倒是能讓耳朵和血液循環充分獲得休養。

除了免於噪音的休養以外，對許多人來說，森林中富含氧氣的空氣也很重要。相較於在城市裡散步，在樹下漫步，對我們的肺部來說，難道不是最純淨的氧氣浴嗎？不過，在這方面，情況也並非總是如此。觀察一下寒冷的季節，有助於我們釐清狀況。到了這個時候，落葉樹會失去它們的葉子，針葉樹則會開始冬眠。這意味著，這時山毛櫸和所有其他的物種都依靠它們的「儲糧」過活，依靠它們在夏天製造並儲存的糖。重要的是，雖然在製糖時會釋放出氧氣，但到了冬天，情況恰恰相反。這時樹木會在細胞裡燃燒糖，而且在此過程中，如同我們人類，會呼出二氧化碳。別擔心，我們不會一下子就在森林裡窒息，因為很大一部分的氧氣是來自海洋，會隨著風不斷流向我們。

然而，在臭氧（由三個氧氣分子所組成）這種氧氣的特殊情況，城市反倒會比鄉間好。臭氧是種具有腐蝕性的有毒氣體，會傷害我們的肺部。因此，每當在夏季裡臭氧的數值再次劇增，聯邦環境局就會發出特別的警報。一氧化氮（例如機動車輛所排放的廢氣）是形成臭氧的原因之一。在陽光的強烈照射下，例如在某個炎熱的夏日裡，廢氣會與空氣中的氧氣發生反應。所形成的臭氧會在城市裡的形成之處立刻與新的廢氣成分結合，從而首先再度被分解。如果氣體混合物隨風飄入自然，那麼臭氧最終將被釋放出來，進而在空氣中累積。在這樣的日子裡，特別是在鄉間，反而會造成身體負擔。

即便直覺與渴望引領我們重返自然，在我們對居住環境施以種種文化上的干預下，周遭環境依然問題重重，我們最終仍然到了這樣的地步。不過，至少以灰塵來說，森林的情況顯然要好上許多。

自從發生柴油醜聞以來，維護空氣品質再次成為政府的要務。二〇一八年底，歐洲環境署（European Environment Agency）公布了一份報告，指出歐洲每年約有四十四萬兩千人提早死亡（根據同一份報告，全球總體則為六百五十萬人）。[77]原因不單只有粉塵，還包括氮氧化物，這些汙染物不單出於該被譴責的排氣管，也來自眾多的煙囪。根據聯邦環境局的統計數據，德國境內有超過一千兩百萬個燃木火爐的煙囪正在冒煙。

我之所以刻意用帶點負面的語氣來表達，是因為「正確加熱木材」是門常被忽略的藝術。問題從生火的步驟就已萌生，有別於普遍的想法，引燃小木材的火種不該置於燃燒室裡的木材堆下方，而該置於上方。唯有如此，才能不讓左鄰右舍煙霧瀰漫，也唯有如此，才能做到「乾淨的」燃燒。此外，木材還得確實乾燥，才能在某種程度上乾淨地燃燒。在某種程度上乾淨，這其實是相對的概念，當人人的雙眼都盯著柴油汽車時，卻忽略了燃燒木材所散發出的粉塵，遠多於所有汽車和卡車所排放廢氣的總和。[78]並不是說我們搞錯了，柴火當然是好東西，我也喜歡用家中的瓷磚壁爐燒柴取暖。問題出在這種能量生產方式，是否還該繼續由國家來補貼，例如燃料芯塊暖氣機便一直還是如此。就連農業也在空汙上插了一腳，糞水的氣體析出更加劇了這個問題。

還好，我們還有森林。在極端的情況下，每平方公里的森林每年可從空氣中過濾掉七千公噸的灰塵。[79]所以，就此而言，森林的空氣確實是純淨的。

如果把此處所描述的森林與自然的種種影響，拿來補充前面幾篇的內容，那麼，我們總是一再遠離城市、回歸人類的根源，這有什麼好奇怪的嗎？這難道不是一種健康的本能嗎？這表明了，我們的感官依然完好無損；而把這種天性說成是逃避現實或逃避主義，才是真的與現實脫節。

在小孩子的眼中，
每根樹枝都有趣非常，
每棵滿布苔蘚的樹樁也都值得深究。

21 向孩子學習

時至今日，興致一來就想來場森林遠足，幾乎是個不可能的任務；是的，得先精心策劃一番。我所指的，不單只有日期的敲定，還有詳細的行程。且讓我們來看看一個典型的例子：早上九點開車出發，預估抵達停車場的時間為上午九點半。由於家人想在中午十二點左右到達「荒野之樂客棧」（中餐已訂位），而且在停車場又拖延了一會兒出發的時間，所以步行的速度得要加快；否則的話，訂位恐怕就得讓給其他排隊的人！謝天謝地，好險趕上了訂位的時間，在飽餐一頓後，總算能踩著比較悠閒的步伐，慢慢走回停車的地方。煩人的只有孩子們。這群小怪獸一路拖拖拉拉，因大人走得太快而發牢騷，老是會突然停下腳步——在小孩子的眼中，每根樹枝都有趣非常，每棵滿布苔蘚的樹樁也都值得深究。

我們其實應該讓孩子引領我們。畢竟，我們去森林就是為了享受它。然而，由於習慣了日常生活的忙碌節奏（時至今日，我們甚至會藉助手機規劃細至以分鐘計的行程），這樣的行為居然轉移到閒暇時間上，甚至也轉移到我們的孩子身上。

前不久，我在森林裡接受一位想報導兒童導覽的記者採訪。她還帶了她的一位友人和那位友人的兩個小孩前來，她想看看，我是如何與兒童族群打交道。那次的會面對我也很有啟發。

那些小傢伙從一開始就興致勃勃，分分秒秒都想揭開森林的所有祕密。我都還沒開始介紹，他們就迫不及待地追問「接下來還有什麼？」在此過程中，我不禁想到了網路時代的娛樂節目——即使是想忙裡偷閒，人們也能不斷切換或同時觀看好幾個節目，這多虧了電視和平板電腦的問世。

我能體會，對年紀較小的孩子來說，這樣的行為可能只會維持三分鐘的熱度，然而，大約過了半小時後，那兩個孩子的行為卻發生了一點耐人尋味的變化。他們逐漸放慢腳步，最後停在一根樹樁前。我在那裡為他們介紹了，樹皮之下可以發現些什麼東西。那裡有突然暴露在耀眼的陽光下、接著又迅速躲入最近的裂縫中的等足目（*Isopoda*）昆蟲，有在腐爛的木頭上蜿蜒地搜尋著其他昆蟲的百足蟲，還有在樹樁裡築巢的螞蟻。過了二十分鐘以後，大人們想要繼續前進，不過我卻示意拒絕。當時孩子們依然沉浸在發現新鮮事物的興奮中，所以我實在不忍心打斷他們。我突然明白，這才是跟年輕族群在林中漫步的理想樣貌——完全按照他們自己的步調。

如果強制孩子配合大人的行進速度，由於動物的緣故得要保持安靜，每每有所發現就會被要求不要磨蹭，那麼，要不了多久，對孩子們來說，森林漫步就會變成一件無聊得要命的事。我年幼時也曾有過這樣的感覺。當時，在週末的森林漫步途中，我總是一心只想著，最好能循著最短的路徑，毫不停歇地快點把路途給走完。我的父母肯定有著截然不同的感受，因為他們顯然可以一路聊得非常開心。然而，對我們小孩子來說，比起和朋友一起在森林裡搭建小木屋、玩官兵捉強盜，更重要的是，我們可以盡情地吵鬧，森林漫步真的是無聊多了。

在家庭森林漫步途中，父母常會警告他們的孩子，為了顧及野生動物，應當保持安靜。事實上，根本完全沒有這個必要，情況正好相反，當動物聽到響亮的人聲時，牠們就會放鬆。原因在於，牠們立即就會曉得，來的不是獵人。試想，哪個獵人會敲敲打打地偷襲獵物？不久前，我的同事約瑟夫・埃希勒（Josef Eichler）在進行一場森林導覽時發生了這樣一件事：一群遊客興味盎然地聽著他的講解，但在場的卻不單只有那些遊客；在他們的身後居然還站了一頭鹿，那頭鹿老神在在地一動也不動，同樣也在那裡專心地聆聽著。儘管牠的眼前站著一堆具有潛在危險的人類，不過牠顯然把他們歸類為無害的對象。

在帶著孩子們的導覽中，我會先讓他們盡情大叫。此舉有助於卸除孩子們最初的害羞（畢竟，他們根本不認識我），讓他們變得輕鬆自在一點。正如那些野生動物，這時牠們也非常清楚地感受到了，那些森林小遊客對牠們來說一點也沒有危險。

接著則是經常會出現的第二個主題：骯髒。如今小孩可以把自己弄得髒兮兮，儼然成了某種常規。只不過，這點僅僅適用於服裝上，至於雙手方面，情況則是截然不同。要父母們一言不發，眼睜睜地看著，小孩子用沾滿泥土的手指拿出奶油麵包來吃，這對某些父母來說，恐怕是一大酷刑。然而，森林的土壤真的是骯髒不堪嗎？當然不是，因為它們是由礦質土壤和腐殖質成分所組成，這兩者都既非有毒、也非不衛生。因此，請放心讓孩子用雙手在土地上挖掘、翻找；最好你也能加入他們的行列！在無拘無束親近自然的這門課，兒童其實是非常好的老師。如果我們能如同他們那般享受森林，那麼我們與自然之間已然變得有些脆弱的連結，或許也會再次變得牢固。

人與自然的連結從未徹底撕裂，
所以我們離自然愈遠，
對自然的熱愛就愈容易在某時某刻被強烈喚醒。

22 一切都在掌控之中？

數千年來，人類不斷嘗試將自然處於控制之下。為何會有這麼高昂的需求呢？沒有其他任何物種會專門去形塑適合其需求的環境。誠然，有些動物會不斷把棲息地改善成有利於己的狀態。舉例來說：許多大型草食動物，例如大象或鹿，都需要樹木稀疏的大草原。茂密的森林無法提供足夠的草料，於是牠們會不斷啃噬樹木幼苗，設法不讓茂密的樹林形成。在樹冠終究還是遮蔽得不見天日之處，牠們會轉而啃噬樹皮，嚴重受創的樹木則會慢慢一命嗚呼。只不過，這種剝皮的行為是出於飢餓，而非基於一套位階更高的計畫，例如開闢新的牧場。而此舉也連帶改善了這些大型草食動物未來的食物供給。

在人類過往的歷史中，同樣也曾有過可以與此相提並論的事情。流浪的狩獵者與採集者肯定不曾刻意大規模讓地貌改頭換面。雖然他們會去獵捕動物，會去砍伐一、兩棵樹木，藉以獲取柴火或充做其他工具的材料，不過森林基本上沒有受到改變。

隨著農業的出現，情況才有了轉變。這時人們才開始開墾森林、圈養動物、耕種土地。在石器時代的聚落周圍，自然發生了天翻地覆的變化。儘管如此，即使時至今日，人類對自然所做的改造，整體而言，卻也還在一定的範圍內，迄今仍然存在著許多原始森林。

民族國家的興起是個決定性的創新。如果有許多人待在某個龐大的區域裡，並受到一套相同的遊戲規則所拘束，這就可能產生規模難以想像的分工。這樣的系統最終促成了汽車與智慧型手機的誕生，儘管絕大多數的人就連某個小零件，也都無法自行製造。

古埃及人在距今五千年前創造了民族國家，這幫助法老王建造了如巨大的金字塔等艱鉅工程。其中最大的一座金字塔是法老古夫（Khufu）命人用兩百三十萬塊石頭堆砌而成。每個石塊都重達上噸。為了能在他執政的二十年內完工，平均每兩分鐘就得製造、運輸並安裝一個石塊。[80]

比起小型部落，一部這樣的國家機器能更有效率地開採自然資源，它能跨越很大的範圍進行組織與再分配。後來在世界各地也都發生了同樣的事。無論是阿茲特克人、中國人，抑或是羅馬人，他們都一下子利用了大量的土地，而且開始讓那些土地配合自己的需求。愈能掌控自然，就能擬定愈可靠的計畫，從而也就能愈有效率地製造各種產品。

這種控制方式一再地加以完善，時至今日，甚至已經發展到，在我們的居住環境中幾乎再也見不到自然，這樣的地步。歸根結底，民族國家的發明是一場疏遠自然的競賽的起跑信號；期盼，藉助今日的種種知識，能讓這場競賽落幕。疏遠自然的情況在城市中尤其嚴重；儘管那裡還是有許多的樹木，不過肯定再也沒有人會去談論森林。然而，人與自然的連結從未徹底撕裂，所以無怪乎，我們離自然愈遠，對自然的熱愛就愈容易在某時某刻被強烈喚醒。

城市的居民與市議員認為樹木非常重要，
因此得為每棵樹的生存而奮鬥；
縱使以安全考量為藉口、隨意許可砍伐樹木的，
往往就是市政當局本身。

23 鄉村生活——城市生活悖論

我依然清楚記得在林區服務的頭一年，無論颳風下雨，我都盡情享受自然，也會因為每次與野生動物的不期而遇而欣喜不已。不過，有時當我穿越某個村莊附近的小溪谷，見到一大堆垃圾，我也會大吃一驚。用過的玻璃瓶、汽車電池，甚至還有從森林的地面冒出頭來的一整輛汽車，這一切讓我傻眼連連。此外，還有許多原本是盛裝洗潔劑或農藥的廢棄塑膠罐。究竟是哪個環境破壞者將這些東西丟在這裡？後來我才明白，原來那些地方曾是廢棄的垃圾場。我所不知道的是，標準的垃圾處理方式遠到一九七〇年代才開始施行。

有誰會在花園或草地田野上散布一堆碎玻璃或廢鋼？在那裡，這些東西不僅會妨礙工作，而且還很危險，要是隨著乾草堆進到畜舍裡就糟了！問題很容易解決：丟到森林裡，眼不見為淨！反正人們也從未真正喜歡過森林——不妨換位思考，造林其實不是農村居民所樂見的。

事實上，那時候森林能提供一些工作機會，從而為村莊帶來某種程度的繁榮。在一九五〇年代時，傳統上，整個夏天，男性都會在自己的小農場裡工作。到了冬天，農場裡幾乎無事可做，這時他們就會去森林裡當僱工。可是亂堆的垃圾也會妨礙到這個工作場所。那麼陡峭的溪谷呢？反正人們也幾乎無法在這些地方經營林業，而且把垃圾丟在那裡也非常方便。人們只要把載運廢棄物的車輛開到路堤，然後再把垃圾整個倒下去，就輕鬆搞定了。一切礙眼的東西就這麼簡簡單單地全都從人們的視野中消失；反正當時人們並不擔心生態的問題。

當時的垃圾泰半都是由可分解的物質所組成，像是皮革、木材、柳條的編織物、棉花或羊毛的紡織品等等，這倒不會造成太嚴重的問題。玻璃瓶基本上都有預付押金，因此，廢棄物中不可分解的東西，大概就只有舊的餐盤或陶製容器。然而，第二次世界大戰過後，情況卻有了改變。愈來愈多的容器是用塑膠製成，大量的一次性包裝先是流入家庭，繼而流入森林。

這種垃圾處理方式到了一九七〇年代就被終止，只不過，沒人願意清除村莊後面的那些垃圾場。解方就是：乾脆用土把它們全都埋起來！這個點子的確也被付諸實行，然而，由於太過草率的緣故，在掩埋工作完成不到幾年後，就有第一批廢棄物重見天日。直到今日，每個村莊附近都還存在著不知規模有多大的休眠垃圾場。為了讓市長們可以睡得比較安穩，市政當局已經買了保險，萬一造成環境的重大損害，保險公司就得幫忙理賠。

我之所以提及這個環境醜聞，那是因為，至今為止，都還一直存在著這種在坡地傾倒垃圾的老傳統。農村居民認為無害的東西，始終還是會被棄置於附近的溪谷。大多都是綠色廢物，往往還會夾雜一些塑膠花盆，或是覆蓋脆弱的濕地的建築碎料。事實上，從很久以前起，各地就已經有綠色廢物回收筒，人們可以把修剪草坪或綠籬所製造出的綠色廢棄物收到裡頭，然後集中送往該區的回收站加工成盆栽土壤。在某些地處偏遠的獨棟房屋附近，常會見到黑色煙霧罩頂的景象；這那裡，人們迄今都還是會直接焚燒垃圾。儘管大多數的村民都認為這樣的舉動不太妥當，卻也沒有人採取任何行動。

就連在遙遠的瑞典，在一次探險假期的開場，我和家人也曾遭遇這類情況。當時我們租了一輛連同馬匹在內的有蓬馬車一個星期。我們想要駕車悠閒地探訪瑞典的森林，就在戶外睡覺和用餐，盡情地享受自然。從德國出發抵達瑞典後，我們又費了一番功夫，總算來到目的地的庭院入口。那裡有一棟被一些老舊馬廄所圍繞的紅色房屋。業主正在布置一個新的燒烤區，他用耙子將填充的土給整平。遺憾的是，在我們到達前他還沒完工，因此我們注意到，他在地下掩埋了許多垃圾。所以說，如果想批評以粗暴的方式去處理垃圾和對待自然，我們其實不必捨近求遠地放眼第三世界，即使那裡的環境汙染程度明顯較為嚴重。

儘管如此，農村居民還是非常熱愛他們的風景，只不過，愛得有些粗暴就是了。垃圾的例子便生動地反映出，在人煙稀少的土地上，人們發展出了一套不同的對待自然的方式。這種方式在城市裡肯定是行不通的。

這點同樣也可從對待樹木的方式看出端倪。如果在鄉間有棵樹擋道，那棵樹就會被砍掉。許可呢？並非必要。至於在城市裡，情況則截然不同。未經許可的移除最高可處五萬歐元的罰款。[81]人們或許會爭辯說，城市有樹木保護法規，鄉村通常都不來這一套。這正是重點。城市的居民與市議員認為樹木非常重要，因此得為每棵樹的生存而奮鬥；縱使以安全考量為藉口、隨意許可砍伐樹木的，往往就是市政當局本身。不過，基本上，城市裡的審查相對而言還是比較「嚴格」。

在鄉村地區情況則非如此，誠如林業的例子所示。很少有人會去計較個別的一、兩棵樹木，在一個普通的林區裡，每年大約得要砍伐一萬至兩萬棵樹木。不過這還不是對待樹木最粗暴的事。在三月到九月的這半年裡，樹冠上會有無數的鳥巢。儘管如此，就算是鳥類保護區，在繁殖季節裡同樣也允許伐木，成千上萬的小鳥便會因而喪生。

有別於林業業者只是聳聳肩，提出他們得在短時間內履行的供應契約，花園主人卻會被要求為比較無害的違法行為支付罰款。根據《德國聯邦自然保護法》（*Bundesnaturschutzgesetz*），在每年的三月一日至九月三十日之間，就連修剪樹籬也都不行。但嚴重破壞鳥巢的林業卻可免於受罰。鄉村生活還是被允許可以有點粗暴；但這絕對是種不合時宜的觀點。

「符合時宜」是森林的關鍵詞。事實上，森林不受時代所限，只會在幾千年的歲月中自然而然發生改變。汲汲營營的人類在壽命上相對而言短暫許多，所以習慣將生態系統置於當前的偏好之下。由於樹木的長壽，即使在幾十年後，依然可以反映這樣的偏好。因此，森林其實也是人類文化史的一面鏡子。

林務員喜歡大樹、偏好奇樹，
樂見新的發展。
更重要的是，
他們想形塑森林。

24 樹木也時尚

等一下！這個標題是騙人的，因為樹木本身根本不懂什麼時尚，喜歡變換口味的是我們人類，不過顯然也只是一窩蜂。一旦形成某種趨勢，我們之中的大多數人都會隨波逐流，我自己當然也不例外。

這樣的趨勢也不會在植物方面止步。或許你曾經從水果與蔬菜中看出這一點。每天都會有新的所謂「超級食物」登場，它們就是一些據說特別有益健康的植物。枸杞就是其中之一。它的商品名稱聽起來要比一般的植物高尚一些，因為它的德文字面意思就是「普通的山羊棘」（gemeiner Bocksdorn）。這種灌木最初可能是來自中國，如今作為新生植物，作為外來、非原生的植物，也在我們的土地上蓬勃生長。據說這種只有兩公分長的橘紅色水果富含營養。像是抗氧化劑、必需脂肪酸、鐵、各種維生素等等；聽起來棒得令人難以置信。此外，枸杞的好味道也能加持所有的混合麥片。理論方面就講到這裡。由於我和內人很有實驗精神，於是我們就去訂購了兩株這種植物。我們熱切地等待著花開，繼而期待著結果。到了第二年就已長出了可供品嘗的小樣本。初嘗之下，這種水果會散發出淡淡的甜味，然而，不久之後，卻會轉為令人討厭的苦味。無論枸杞有多健康，我們都決定要把那些果實留給鳥類。

室內植物同樣也有流行趨勢。從仙人掌到絲蘭棕櫚（Yucca palm）和垂蕾樹（Sparrmannia），已有許多流行的植物曾在大家的客廳來來去去。為何森林就該有所不同呢？或者，森林裡的情況其實是有過之而無不及，畢竟，如前所述，在大多數的情況下，其實都涉及到了人類所規劃的樹木栽種。在允許林業業者植樹的地方，流行總會扮演著吃重的角色。林管單位當然會有另一套說詞；他們會說，自己深感負有致力研究當前狀況的責任。

然而，實際上，那些綠色管理者卻是受到了與一般民眾在購物時所受的相同的誘惑。對他們來說，這當然就是具有一定程度的吸引力的異國樹木。為了讓它們也能在本國的土地上生長，它們必須來自相似的氣候區，最重要的是，要能承受相對寒冷的冬季。地處北緯，也就是北美與歐亞的許多森林都符合這個條件。這就是為何，我們也經常可以在那些地方找到加州紅杉（*Sequoiadendron giganteum*）。我曾在申布赫，也就是巴登—符騰堡邦的一個大型森林區，見到過一棵加州紅杉。那棵加州紅杉高約五十公尺，在胸部高度左右測得的直徑則為一點八公尺。這令人印象深刻；因為，諸如山毛櫸之類的原生樹木，若能長到四十公尺高，就已經令人嘆為觀止。

加州紅杉就像鹿與狍鹿之間的一頭大象那般融入森林。也許用動物園來比喻會更貼切。這些個別的「植物捕獲物」形單影隻，由於缺少自己所屬物種的同伴，在山毛櫸和橡樹之間便沒有屬於自己的生態系統。一個完整的、運作良好的森林其實包含了成千上萬可以妥善合作的物種。單獨一個物種，即使它是最大的，也無法比擬北美森林的真實面貌。

人類總是迷戀於快速生長。在一九六〇年代時，楊樹就曾受到林業業者的熱愛。在育種與雜交下，人們將美國白楊（*Populus balsamifera*）培養成可在二十年內長高到三十公尺的樹木。相較之下，即使是以生長迅速聞名的雲杉，在同樣的時間裡也很難生長超過十公尺高。然而，後續的應用卻完全為人所忽略。主要的一大購買方，也就是火柴製造商，隨著一次性打火機的問世退出了市場；類似的情況也發生在木屑製水果箱的供應商身上。樹幹又粗又大的楊樹遂成為一個問題。沒有人想要這種木材，沿著大街小巷生長的這些年輕巨木也變得危險。它們的冠叢如玻璃般脆弱，小小的風或雪就能將其摧折。結果就是，各地的楊樹就在一片砍伐浪潮中被移除，它們的木材則被拋售。楊樹僅在短輪伐的人工林裡經歷了一場復興；在那裡，在短短幾年後，就在它們還是細細的樹幹時，人們便將它們採收，接著再將它們切碎，然後送去生質能源發電廠當燃料。由於這是一種「農業」文化，與森林無關，所以我不想再進一步深入這個話題。

大冷杉是另一個林業時尚的例子，其拉丁文學名是「*Abies grandis*」，故鄉是在美洲大陸的西北海岸，在那裡，它們在一個相對較小的區域裡與其他的針葉樹混合生長。大冷杉符合以下幾個誘人的標準：生長速度特別快，遠比迄今在德國的森林中居主流地位的雲杉快得多。它們的嫩枝每年可以抽高一公尺。有別於花旗松，它們可以輕鬆應對乾旱季節——由於氣候變遷的緣故，這類天氣事件恐將愈來愈頻繁。對風暴的侵襲，這種樹木似乎也毫不畏懼，畢竟它們植根特別地深，因此能比雲杉、松樹或花旗松更好地固定自己。儘管早自十九世紀以來人們就在歐洲種植大冷杉，不過，直到二〇〇七年的基里爾颶風（Orkan Kyrill）過後，它們才有了大範圍的突破。從那時起，隨著之後的應用增加，大量種植也逐漸發展了起來。然而，是什麼樣的應用呢？

過去我所服務的林區裡也有一些大冷杉，那是幾十年前某位富有實驗精神的林務員將它們混植於雲杉之間。當時的樹幹已經長得十分雄偉，於是我就在常規的木材採伐中讓人採伐。正在為自己鋸木廠物色建材的木材商人，一如他的許多同行，都對這些木材嗤之以鼻。由於這些軟質木材的品質落後於雲杉，所以價格相應地也比較低。因此，基里爾颶風之前，幾乎無人願意力挺這種樹木。直到人們開始熱烈討論氣候變遷的問題後，它們才再次被從冷宮裡請了出來。畢竟，人們不想沒有針葉樹，可是雲杉、松樹和花旗松卻無法預示美好的未來，有別於此，至今為止，大冷杉倒似乎是針葉林的救星。

為何林務員會一再跟隨植樹潮流？答案很簡單：因為林務員也是人。他們喜歡大樹、偏好奇樹，樂見新的發展。更重要的是，他們想形塑森林。這點在許多同行的某些陳述中表露無遺，他們總是認為林務員是在「造林」，如若沒有林務員，森林就像奄奄一息的病人無法生存。所有這些使森林迎合人類欲望的嘗試，彷彿把森林當成自家客廳在布置。樹木可以作為裝飾性的家具，但這離自然差了十萬八千里。諷刺的是，偏偏就是綠色工作者，也就是我們這一行，比起所有的城市居民，反倒因此喪失了更多與真正自然的接觸。

樹木也時尚

243

林業還是默默地承受了壓力，
為無家可歸的曠野動物提供了一個家。

25 歸路艱難

在還是個小孩子的時候，我就夢想成為自然保護者。當時我想像的林務員是森林守護者，所以畢業後從事這種職業，似乎是個正確的選擇。

這個行業迄今依然為浪漫的氣息所圍繞。除了故事和童話以外，還有像是一九五四年的《銀色森林的林務員》（*Der Förster vom Silberwald*）之類的鄉土電影來背書；在片中，扮演新任社區林務員的魯道夫·倫茲（Rudolf Lenz）阻止了山林的砍伐。如前所述，絕大多數的林業工作者都對自己的職業形象深信不疑，都認為自己的工作有益於森林。為了維護森林，人們必須照顧它們，否則它們就會沉淪。我自己在學習過程中也曾抱持過這種觀點。我並不認為在這當中藏有任何的惡意，相反地，我認為林務員熱愛森林，也努力保護森林。

特別是在氣候變遷的時期，樹木對正在改變的框架條件反應太慢。在這樣的情況下，生長在較溫暖地帶的樹木，無法以夠快的速度向德國遷徙，同樣地，德國的原生物種也無法及時繼續向北移動。此舉需要數百、甚或數千年的時間；無論是它們、抑或是我們，都沒有這樣的時間。顯然如此，還有什麼能比協助性的干預，以及透過郵寄傳送種子並在苗圃中培植，更理所當然的呢？

除此以外，當然也得生產木材，而且還要盡可能地滿足國內工業發展的需求。要同時兼顧各種要求，並不是件容易的事。尤有甚者，國有林業也得以牟利的方式經營。所有的這一切共同引發了一件事，那就是：憤怒。因為，總體而言，人們對森林所做的研究太差，以至根本無法評估任何操作的結果。

且讓我們來看看一個例子：環保人士抱怨，諸如蚱蜢、紅褐林蟻和野蜂等喜歡溫暖的物種有減少的趨勢。疏伐森林可以幫助牠們。能有更多陽光照在地面上，就代表能生長更多的草，如此一來，上述物種就能找到更多的食物。此外，昆蟲也需要直接的日照，如此才能將牠們的身體加熱到可以活動的溫度。於是，為了保護自然，林業工作者砍伐了比有益於森林本身更多的樹木。因為許多喜歡溫暖的物種其實原本並不住在森林；對牠們來說，森林只是消失的曠野棲息地的替代避難所。在那裡，傳統的農民把所有不利於生產的東西一股腦用藥殺光，顯然這些農民才是必須改變經營方式的人，但林業還是默默地承受了壓力，為無家可歸的曠野動物提供了一個家。

然而，這個家倒也不是無人居住，誠如德國的山毛櫸林統計表所示。目前已知約有一萬種動物以山毛櫸林為家，其中有許多動物都是仰賴巨木之下黑暗、潮濕且涼爽的生存條件。然而，這當中的不少動物，由於既小又醜，在外表上很是吃虧。舉例來說，蟎蟲的擁護者肯定少於兔子的擁護者，曾是草原動物的兔子，如今在許多的森林裡都過得十分愜意。像是在洪斯呂克山（Hunsrück）的自然保護區。那裡有個古老的田園森林令我十分欣賞。那是一片上頭鬆散地分布著一些老橡樹的草地。在從前的幾個世紀裡，附近的農民可以在此放牧牲畜，到了秋天，豬隻還能在樹下尋找橡子來吃，藉此在牠們被宰殺前先囤積一層厚厚的脂肪。

森林動物在此幾乎沒有家的感覺，反之，蝴蝶和鹿倒是很喜歡這裡。因此，每年都要大費周章地藉助機器採伐樹木，藉以防止森林再次以幼樹的形式立足。鹿肯定會喜歡在河邊的草地上吃草。那裡有天然的樹木和草叢。促成這種半開放式的景觀的原因是流冰。冰凍的河流在春季裡再次裂開，隨著冰雪消融，水流沖刷厚重的土塊穿越了河灘森林。在此過程中，它們不僅刮除了幼樹，而且也嚴重破壞了老樹。在形成的空隙中綠草得以生長，它們是大型草食動物的生計。歐洲野牛（*Bison bonasus*）、麋鹿和野馬早已消失無蹤，鹿倒是獲得了救贖，而且一路順利繁衍到了近代。如果我們能將至少一部分牠們的傳統棲息地還給牠們，那就太棒了。

然而，如今人類居住在河谷中，占用了大量的空間。瀝青或混凝土的表面每天都會繼續往平原蔓延，因此每年又會有面積將近一百平方公里的土地被封閉起來。這相當於一個國家公園的面積，例如在黑森林、埃佛山或洪斯呂克山的國家公園。然而，在這些被封閉的區域裡，人們卻無法也不願意負擔國家公園的費用。順道一提，最肥沃的土地是在谷底，因為它們位於從前的氾濫區域，含有特別多的養分，特別適合滋養我們與動物，不過，如今它們卻被無限期地埋在街道和房屋底下。於是，草原的動物世界被推回森林，在那裡，牠們在自然狀態下幾乎找不到任何食物。藉由疏伐森林，促使各種青草得以再度在樹幹間生長，可以補救這樣的情況。此外，還要以以公頃計的規模徹底地清理與整平林地，繼而播種，藉以創造所謂的飼料地（草場）。不僅鹿在這裡有家的感覺，就連野兔與蝴蝶也有。在與集約化的林業調和下，目前許多森林更像是大草原，而非森林。

也許不是每個人都立志成為森林革命家，不過，為樹木做點事情，倒是很容易。只要減少消費木材即可。這聽起來或許有點奇怪，我寫下這句話，然後又要讀者去讀它，那讀者手裡不就得拿本用紙做成的書；因此也消費了木材。正如家具、屋頂桁架或花園圍欄那樣，不過，它們倒是有個共同點，那就是：它們都是耐久性產品。品質愈好，使用壽命就愈長，需要更換的次數就愈少；如此一來，便可節省木材。

然而，這卻不適用於包裝。在全球共同致力於將塑膠趕出環境之外下，愈來愈多的紙張和紙板成了替代品。此舉雖然可以避免絕大多數的塑膠最終流向海洋，但卻無法保護森林。時至今日，森林已經不再能滿足對木材的巨大需求，而且這種需求還在持續增加。這主要是因為，基於兩個明顯的原因，木材被認為是環保原料之一。首先，它們是可再生的；因為，在一棵樹木被採伐的地方，總會再長出一棵新的樹木，只要那個地方不被改變成農業用地或住宅用地。其次，木材在它們的使用上被認為是屬於碳中性的。畢竟，當一棵樹在火爐裡燃燒時（所有的木材在它們被使用後，有朝一日都會流向那裡或發電廠），所排放出的溫室氣體不會超過它在生長時所束縛住的溫室氣體。

且讓我們再多討論一下這一點。事實上，木材的使用不是碳中性的。如果光是計算樹木本身，這種計算方式確實是對的。在樹木的利用和燃燒的過程中，所釋放出的二氧化碳，不可能多於在生長時藉由光合作用與碳化合物的生產在木材裡儲存的二氧化碳。然而，這只是整個過程的一部分。葉子、樹枝、樹皮、果實、枯木，所有的這一切都會以腐殖質的形式積累於土壤中。此外，原始森林所蘊藏的活生物質至少是被利用過的森林的兩倍。如果樹木遭到砍伐，那些庫存就等於被兩倍清空。一方面，活生物質減少，另一方面，土壤中的腐殖質被分解。原因在於陽光照射並溫暖了土地。這使真菌和細菌變得非常活躍，幾乎吞噬掉所有的有機物。在這個過程中，就像我們的消化一樣，也會將二氧化碳排放到空氣中。所有的這一切林業營運過程都會以這種方式對氣候造成破壞，致使燃燒木材與原油或石煤同屬一個等級。因此，木材其實不是完美無瑕的環保原料，儘管目前正被當成這樣的材料在交易著。紙張在環境中的唯一優點就是，如果沒被印刷，就可以被不留殘餘地分解。可是，哪個紙袋沒有公司的標誌，而且完全不含塑膠？更不用說，這樣的提袋鮮少被人多次使用，因為它們的耐用性與抗撕裂性還有許多不盡如人意之處。

那麼，關於第一項論點，也就是可再生原料的論點，情況又是如何呢？在這方面，前景也是很不樂觀，因為，目前全球對木材的需求，已經上升到了以永續方式經營的林業無法予以滿足的程度。一片又一片的原始森林正在倒塌，取而代之的則是單一種植的桉樹或松樹。我們所抱持的「拯救環境於塑膠洪流之中」這種值得讚許的想法，令人遺憾地，反倒由於紙張這種替代原料的緣故，加速了其他方面的破壞。

那麼，有什麼替代的選項呢？替代的選項就是：減少包裝！早在一九七〇與八〇年代，就有這樣的運動，當時的口號是：用麻布取代塑膠！使用可重複使用的購物袋，自行攜帶容器盛裝牛奶、香腸和奶酪，所有的這一切我們都曾大力推廣，直至一九九〇年代中期。如今我依然記得從前在學校裡推行的一些運動，當時我們收集了很多年優格罐的蓋子。畢竟，那些蓋子是用高價值、高耗能的鋁所製成。為了讓學生有更清楚的認識，化學課還曾參觀某家製鋁廠，那裡的高電流讓我們印象深刻——不僅讓窮學生的荷包發了點小財，同時也讓我們了解到，有多少的能源被耗在那些東西的製造上。在那之後，我們更熱中於收集每一分銀箔。有鑑於，如今似乎每兩部汽車就有一部配備了巨大的鋁製輪輞，而且如今也有大量的鋁製自行車，當時的那些努力雖然令人感動，可是似乎沒有多大的效果。除此以外，那些努力也沒有被持續很久。

鐵幕崩潰、國際局勢轉趨低盪，不單只出現在歐洲，也出現在新興國家與發展中國家的經濟增長——環境保護雖然沒有完全落伍，不過，就某種意義上說，卻也不再那麼有魅力。在那段時間裡，我也能在為年輕人所做的森林導覽中感受到這一點。起初他們還很了解情況而且相當投入，不過，到了二〇〇〇年代初期，這些能力卻是大幅減退。直到最近幾年，環境保護才又再次變得重要起來，而且這次的發展在我看來似乎是更為長遠。在這當中，氣候變遷是個特別受到關注的議題。就此議題而言，樹木是我們的天然盟友，不過前提是，我們不能再將樹木單純視為有機原料。

樹木是我們的天然盟友，
不過前提是，
我們不能再將樹木單純視為有機原料。

26 對抗氣候變遷的天然盟友

所有的人都像兔子看到蛇那樣緊盯著二氧化碳這種氣體，而其他的重要因素很容易為人所忽略，例如水。蒸發可以冷卻，這是眾所周知的事。我們在夏日裡揮汗如雨就是利用這種效應，藉以防止人體體溫過高。森林也會以極其相似的方式做這種事。樹木會蒸發大量的水——在一個炎熱的夏日裡，一棵山毛櫸最多可以蒸發五百公升的水。這種蒸發效應可以讓森林冷卻個好幾度，甚至就連我們也都感受得到。造成這種情況的，不單只有從曠野步入森林時可以讓人明顯感受到差異的陰影，還有樹木刻意促成的某種效果。

大多數的物種都不喜炎熱，喜好濕涼。至少溫帶和北緯地區的樹木是如此，而那裡則有著地球上最大的一些森林。如果涼爽潮濕，那麼從地面上蒸發的水就不會太多，光合作用也會在這種條件下全速進行。知名的電視氣象播報員斯文・普洛格就曾告訴過我，他也注意到了這一點。四月的溫度會隨著高昇的太陽急遽上升，接著到了五月才會再次明顯下降。原因在於樹木的樹葉發芽，而且這些葉子開始具有強烈的蒸發活動性。能察覺到這一點，簡直就是個奇蹟。因為德國往昔的落葉林如今只剩下其中的百分之十二。而且這些剩餘的區域也並不是由特別具有冷卻效用的老樹所組成，反倒主要是由水平衡嚴重遭到破壞的、年輕的經濟林所組成。儘管殘存的冷卻效果仍然令人印象深刻，但那也只是真正能達到的冷卻效果的微弱殘存。

你能否想像，總計囊括了半個大陸的諸多完好的大型森林如何調節地球的氣候？如果可以，那麼你就遙遙領先於許多的政治人物，因為他們居然想要藉砍伐樹木來克服氣候變遷。理由就是，燃燒木材是氣候中性的，因為每砍一棵樹就會重新種植一棵樹，從而促成一個永續的循環。此外，在樹木死後，最終它們究竟是被細菌和真菌分解、抑或是作為柴火被送進火爐裡，都無所謂；在這兩種情況裡，它們都會化為二氧化碳重回大氣中。然而，腐爛的枯樹並不會以氣態形式重回大氣裡，倒是有很大一部分會成為腐殖質落入土地中。它們會在那裡以碳的形式儲存溫室氣體數千年。此外，原始林裡的樹木遠比人工林裡的樹木要古老得多，這意味著，有非常大量的二氧化碳被儲存成活生物質。

排列整齊的雲杉和松樹，由於某些不一樣的原因，不適合作為二氧化碳的儲存者。即使它們不在採伐中結束生命，自然往往也會藉由下一場冬季風暴傾覆這些人造林。原因在於那些繁茂的綠色針葉，有別於落葉樹，到了冬天仍會留在樹枝上，從而具有更大的空氣阻力。當樹高超過二十五公尺時，在風暴中沙沙作響的樹冠所受的槓桿作用，會大到讓許多樹木不支倒地。一旦倒落在地，要不就是腐爛，要不就是被拿去當木材使用（其後再被當成廢柴燒掉）。在這兩種情況下，二氧化碳都會再次被完全釋放。

完全？我剛剛不是才說，殘留在森林裡的枯木有絕大部分會以腐殖質的形式長久保存在土壤中嗎？沒錯，不過這只適用於林中某處偶爾會有一棵老樹凋零的原始森林。這些零星的死亡並不會對地方氣候造成任何改變，森林依然多蔭且涼爽。

相反地，在一片被大舉採伐或遭風暴蹂躪的土地上，所呈現出的則是截然不同的面貌。在這裡，太陽無情地燒灼，促使細菌和真菌達到最佳狀態。它們會完全分解所有的有機物，使得就連最後一小塊木材也會以二氧化碳的形式重回大氣中。順道一提，可用木材也是如此。某大型環保團體的一位工作人員曾經告訴我，耐用的木質產品的平均壽命只有十二年，然後，書籍、家具或建築木材就會成為廢物，被送進焚化廠焚燬，從而再次釋放所有儲存的二氧化碳。在這種情況下，連同森林土地的巨大腐殖質庫存，每平方公里會有多達十萬噸的溫室氣體被釋放到大氣中。所造成的影響還不止於此。

前已提及的冷卻效應，或許遠比大家所設想的更為重要。如果北緯的溫帶氣候區（例如中歐）被原始山毛櫸林所覆蓋，那麼過去幾年的極端夏季肯定不會那麼酷熱。若真如此，我們是否能在溫度計上見到三十度的溫度，或許都要打上問號。當然，這種想法是矛盾的，因為在這種情況下，助長了氣候變遷的現代工業社會將會無處容身。然而，卻也還是存在著至今依然保留或是重新栽種的森林。它們並非特別能降溫，部分原因在於所栽種的樹種。例如雲杉，仍是德國最常見的樹種，顏色要比山毛櫸和橡樹來得深。僅此一項，就會使它們較為強烈發熱。

在一項國際性的研究中，以馬克斯．普朗克氣象學研究所（Max-Planck-Institut für Meteorologie）的科學家金．諾茨（Kim Naudts）為首的研究團隊發現，儘管有著大規模的造林，過去三百年來歐洲林業的變化，卻導致了夏季氣溫升高超過零點一二度。[82]

這聽起來很少啊？不妨想想當前的相關討論，在那當中，為了應將地球氣候的暖化控制在上升一點五度或兩度這種看似微小的差異，可是吵得不可開交。小數點後的數字已會造成很大的差異，誠如以下的比較所示：假設全球平均溫度上升一點五度（這個數值肯定很快就會被我們達到），那麼零點一二度就相當於百分之八。這就多過像印度這樣的國家當中，所有造成全球暖化的溫室氣體所占的比例。[83]

不過，請注意：這項比較僅在區域內有效！有別於歐洲的林業只是讓歐洲的溫度相應地升高，工業的溫室氣體卻是經由空氣混合讓全球的溫度升高。因此，這項比較或許有點不當，不過仍能說明事實。因為，對我們這些在地人而言，當地氣候變暖的程度（或是，我們可以憑藉在地的某些措施減輕多少後果），其實相當重要。此外，特別是在高緯度的北方，我們可以看出，地方的溫度變化與全球的平均溫度有多不一致。在那裡，地球上森林最茂密的地區受到氣候變遷的打擊特別嚴重。根據阿爾弗雷德·韋格納極地研究所（Alfred-Wegener-Institut für Polarforschung）的馬庫斯·雷克斯（Markus Rex）教授的說法，北極地區溫度上升的速度是全球平均的兩倍。[84]這導致了一些奇怪的天氣狀況，像是在二〇一八年二月，當時，在漫長的極夜中，格陵蘭島上的溫度居然有正六度。

西伯利亞、北歐或北美的森林，尤其是那些處於即將過渡到苔原的階段、因此適應嚴寒氣候的森林，正面臨著新的挑戰。起初當地的夏季短暫而涼爽，根本沒有什麼缺水的問題；在這麼短的時間內，哪能蒸發多少水？到了六月才會融化掉最後的雪，第一場雪則在九月就會降下，在這中間樹木會進行一些光合作用。這僅足以使樹木非常緩慢地生長。再往北，樹木就只能止步，至少再不復見大型的樹木。由於可以生長的時間只有短短的幾週，所以唯有小型灌木和草才能存活。從植物學的角度而言，這裡的樹木同樣也會被算做是灌木，因為它們的高度幾乎都不超過三十公分。矮樺（*Betula nana*）和矮柳（*Salix herbacea*）在這個地帶與越橘（*Vaccinium vitis-idaea*）和地衣毫無縫隙地排在一起，在一年之中的大部分時間裡都蹲伏在厚厚的積雪下。

如今情況變得不一樣了。氣候變遷使得覆蓋的冰雪愈來愈早融化，在夏天過後它們也愈來愈晚回來。植被帶的邊界在移動，降水率在區域裡同樣也有顯著的變化。幾年前，有位馴鹿牧民告訴我，她所在地區的降雪量大幅增加了。這對馴鹿來說非常要命，因為牠們得要挖開積雪尋找地衣。雪積得愈厚，這件事做起來就愈難，這些動物所要耗費的力氣也就愈多。

阿拉斯加一個令人驚訝的例子表明了，生態系統的改變有多徹底。在那裡，海狸一直向北擴散。原因在於：升高的氣溫促使灌木和小型樹木得以立足且長高。這讓海狸很高興，因為牠們需要樹枝和樹幹作為食物和建材。牠們會修築水壩，從而讓過去乾燥的土地形成了池塘。[85]讓德國環保人士歡欣鼓舞的事情，卻讓高緯度北方的研究人員憂心忡忡。因為，在新的水體下，土壤裡的永凍層的融化速度會顯著加快；儲存於其中的有機物質會分解，從而將溫室氣體釋放到大氣中。

然而，海狸之所以向北遷移，無非只是因為，牠們的食物和建材，也就是木本植物，同樣也向北遷移。我們甚至還能說：樹木正在光復高緯度的北方。從氣候的角度來看，這也會帶來正面的後果。樹木會吸收二氧化碳，進而以木材的形式將它們儲存起來。不過，如果我們能讓在德國所處的緯度上再次擁有更多真正的森林，那會更好。如此一來，二氧化碳將被儲存在它們所屬的地方，北極的苔原也可維持原樣。

我曾多次提到，人們喜歡形塑森林，特別是林業工作者。此外，讀者現在也該了解到，木材的使用並不是氣候中性的，此舉其實是會激發溫室效應的。我之所以再次重申，是因為森林管理部門正沿著這條道路前進。它們建議政治人物，再次多種針葉樹。最終被鋸成屋梁或家具的每個樹幹都對氣候有利。畢竟，木材裡的二氧化碳會長久儲存於這類產品中。這將我們帶回到金・諾茨與其同事的研究裡。

有一些反對種植針葉樹的論點。雲杉、松樹和花旗松的人工林極易遭到暴風雨或昆蟲破壞。特別是在炎熱的二〇一八年，歐洲和世界各地的針葉林，都在數以平方公里計的規模上，慘遭樹皮甲蟲侵襲，甚或因而死亡。木材經過清整之後，留下了無數伐光樹木的土地，它們散發出了如前所述的大量溫室氣體。

如果為了維護氣候而把木材送去火力發電廠燃燒，這會攀上誤解與破壞自然的頂點。像是英國的燃煤電廠營運商德拉克斯（Drax）就是這麼做。根據德國環保組織「森林與氣候平台」（Plattform-Wald-Klima）的報導，這家公司會從美國東南部等地進口壓製成小球的燃燒芯塊。所用的木材則是來自被完全採伐的沼澤森林，那些森林中如泥炭般的土壤如今正在向空氣中釋放大量的溫室氣體。在二〇一八年，已有七百萬噸這樣的木材在燃燒室裡被化為二氧化碳和水。根據英國政府的一項研究，這種作法的碳足跡對氣候的影響是燃煤的三倍。儘管如此，為何人們還是要這麼做呢？那是因為，根據目前的法規框架，至少在名義上，無論怎麼使用木材，它們仍被認為是氣候中性的。

順道一提，德拉克斯希望將來能從廢氣中分離出二氧化碳（簡直令人難以相信），然後賣給啤酒廠牟利。[86]然後這些廠商會以碳酸的形式把這些二氧化碳添加到自家飲料中。除了無法銷售那麼多的啤酒以外，每個消費者也都曉得，碳酸要麼直接從瓶中散逸，要麼再次以二氧化碳的形式從老饕的喉頭上散逸。

我個人的目標是，未來能藉由減少消費，同時盡可能讓更多森林土地再自然化，促進氣候保護。畢竟，原始森林是我們克服氣候變遷最強大的盟友。

真正構成一棵樹的本質的是什麼？
是我們通常認為最重要的樹幹嗎？
還是挺過了數千年、
在那當中或許儲存了那棵老雲杉的回憶的樹根呢？

27 好東西需要時間

距今九千五百五十年前，我們的祖先還活在石器時代。當時農業才剛萌芽，還未特別普及，就連像是如今眾所周知的冰人奧茲（Ötzi）之類的重要人物，也是在將近五千年後才登上了舞台。

不過，一個看似並不引人注目的事件如今倒是引起了共鳴。有棵孤獨的雲杉種子落在瑞典山區的土地上，後來還發了芽。Old Tjikko就此誕生。從前還是棵小樹的它尚無名字，畢竟那時它不過只是數百萬棵樹木的其中一棵。然而，它最突出的特點就是它的韌性。儘管發生了那麼多的氣候變遷，儘管遭受了災難性的天氣與飢餓的動物的侵襲，Old Tjikko還是活到了現在，它被認為是地球上最古老的樹木。對像我這樣一個樹木愛好者，不用說，我也非得去「朝聖」一回。

二〇一八年五月十日，「朝聖」的時刻總算來臨。在越過斯德哥爾摩和莫拉（Mora）後，道路變得愈來愈窄，路上的車輛也變少了，典型的紅白色房屋之間的距離則是愈來愈大。在彎過最後一個轉彎處後，我們終於抵達菲呂山國家公園（Fulufjällets nationalpark）。小路蜿蜒在老樹與洶湧的溪流間；當時正在如火如荼地融雪。國家公園服務處前的停車場只停了一輛車，因為遠足季節才剛要開始。這唯一的一輛越野車是我的嚮導塞巴斯蒂安．基爾普（Sebastian Kirppu）所有，他將引領我參觀這座國家公園。

當我還在路上時，他就已經打過電話給我。「要不要來點茶或咖啡？」好極了，這預示了不必看表的輕鬆一天。我們先吃了點餅乾，瞧了瞧由於尚未營業所以空無一人的遊客中心；只不過，我卻對此興趣缺缺，一心只想著到外頭。我很熱切期待能早點見到Old Tjikko！

陽光照耀著山丘，天氣相當暖和——不自然的暖和。由於塞巴斯蒂安的事先通知，我已為艱難的山區徒步旅行做了準備，在此過程中，我們或許得要穿著雪鞋費勁前行。然而，絕大多數的雪其實都已消失無蹤，二十度的「高溫」把步道全給烘乾了。所以，此行其實更像是在散步，而且還是場十分充實的散步。

狹窄的木製步道不斷跨越許多與樹木交錯的小沼澤。還沒走幾公尺，塞巴斯蒂安便轉過身來，陪著我掙扎著通過幾片積雪。接著我們停在一個在兩米高之處折斷、已經半腐爛的松樹樹樁前。「我們非得瞧瞧這個！」塞巴斯蒂安一邊說一邊指著一小塊鮮綠的地衣，它們就如一個迷你灌木叢般扎入枯木中。「別碰！從前人們曾用它們來毒殺狼！」與他自己的警告相違背，他居然用食指輕輕地推了推那些組織。

接著我也十分同情這些小生物。因為塞巴斯蒂安表示，這種小生物現正瀕臨絕種。由於狼地衣（*Letharia vulpina*）的需求十分特別，所以在現代林業的時代裡找不到自己的容身之地。尤其是，它們特別需要時間。首先，必須在森林裡長出一棵松樹（雲杉是行不通的）。這棵松樹必須是棵老樹，至少要有數百年的歷史，等松樹死後，樹幹得要經過好幾個世紀才會完全分解，因為松木裡的樹脂含量很高，所以枯萎得非常緩慢，會產生裂紋和縫隙，但卻不會腐爛。直到此時，狼地衣才總算能站穩腳跟，開展自己特殊的青綠。

我吃驚地看著那根樹幹。在我的家鄉，哪會有個能讓樹木活到那麼老的森林呢？那裡或許沒有狼地衣，卻可能也會有其他同樣需要古老、永恆森林的生物。

很快地，我們兩個就熱烈討論起現代林業。在這方面，我們往往缺乏對這種脆弱生境的複雜性的深入了解，誠如在瑞典以及在德國的國家公園的皆伐所示。

但我們沒有時間感嘆，因為，在接下來的幾公尺路程中，塞巴斯蒂安又多次停下了腳步。想見到Old Tjikko。還得再等一、兩個小時！再一次，我們看著一棵類似的樹樁，又是松樹，只不過，這一回它卻是被一把火給燒焦了。即使把眼睛睜到最大，我也看不出任何令人興奮的東西。然而，塞巴斯蒂安卻拿出了一個小型放大鏡，指著一些微小的黑點。又是一種地衣，又是需要難以置信的漫長時間。有別於其他綠色同伴，它們需要另一種配料：木炭。但可不是任何木炭都行，是的，必須至少有百年的歷史，而且還要在舊木的表面上。在這裡，也唯有在這裡，這種地衣才會感到自在，而且它們也樂於為人所忽略。

有別於一般的森林遊客，當然也包括我，樂於陶醉在瑞典山林五顏六色的花朵中，那些行動緩慢的朋友卻是完全不引人注目。如果它們因原始林的移除和人工林的栽種而消失，恐怕也沒人會為它們落淚。當然，除了塞巴斯蒂安這樣的人以外；他竭盡所能地在防止其他的森林為飢餓的木材工業所染指。為此，他造訪了一些即將遭到砍伐的原始森林。在大多數的情況下，負責人都會委婉地否認，那裡居住著某些稀有物種。如果真的有，他們頂多也只是同意，能讓直徑幾公尺的樹木小島保留下來；這對整個生命共同體來說實在太少了。塞巴斯蒂安喜歡把這種情況比喻成一座城市，其中所有的大樓被拆到只剩一棟。在這種情況下，所有的居民都得搬進最後一棟大樓，這當然是行不通的。突然失去家園的數千物種，它們的境遇便是類似於此。有時塞巴斯蒂安能在最後一刻力挽狂瀾，但經常卻也都是徒勞無功。這也就是為何他會感到未能盡如人意，儘管這已足以讓他為自己感到驕傲。

在我們總算越過陡峭的山坡登上高原前，我們還在一個令人印象深刻的瀑布旁短暫地停留了一會兒。由於融雪的緣故，大量的流水從懸崖上一湧而下，形成了在陽光照耀下閃閃發光的噴霧雲。穿著運動鞋的遊客也會撐到這個地方；他們會在匆匆地自拍並將可樂罐扔在地上後，隨即打道回府。在這裡，我們可以看到，自然如何淪落成旅遊活動。人們唯一感興趣的就是，回家之後能向他人炫耀的那些照片。至於稀有的獵鷹在瀑布旁的峭壁上築巢，絕大多數的遊客顯然都視若無睹。

這時候，道路變得更為陡峭，而且途中除了我們，也再見不到其他的人。越過了一些堆積著雪與碎石的原野後，我們到達了高原，從那裡可以眺望國家公園的壯麗景色。遺憾的是，它的邊界太過明顯。皆伐的土地顯示出，汲汲營營的人類在自然綠毯上所留下的傷痕。「它就在那後面！」塞巴斯蒂安指著地平線上一個綠色的小三角。拖著沉重的腳步，穿過在靴子下嘎吱作響的地衣，我們緩緩地朝向目的地前進。

然後，熱切期盼的那一刻總算來臨。出現在我們面前的是，一棵矗立在一堆綠色樹枝上、被風吹亂了的雲杉。四周盡是額外凸顯高原的荒涼的岩塊。當時我在想什麼呢？即使沒有落淚，我也十分感動。有那麼一會兒，當我想到，那棵瘦小的樹已經在那裡堅持了多久，我完全說不出話來。自從種子發芽以來，已經經過了將近一萬年。在那之後，長毛象滅絕，人類豎起了巨石陣，也造起了金字塔。氣候從冷到暖、再從暖到冷，已經歷過多次更迭，但這棵雲杉卻並未受到所有這一切的影響，始終完好無損地屹立在它的位置上。

除了氣候的波動以外，在此過程中，它肯定沒有很多經歷；這其實比較像是人類的想法。因為，Old Tjikko之所以能如此長壽，無非是因為它長得特別慢，緩慢的成長則意味著較晚的性成熟。

緩慢是因為環境所致。在那上頭，植物的生長期很短，冬天則是既艱苦、又漫長；幾乎沒有什麼時間能容許至少進行一點光合作用。大雪一再彎曲小樹幹，於是一個側枝帶頭形成新的主芽。因此，目前的這棵「樹」其實只有幾百年的歷史；真正的老雲杉其實是根莖與地面的樹叢。

我不禁再次問自己，真正構成一棵樹的本質的是什麼？是我們通常認為最重要的樹幹嗎？還是挺過了數千年、在那當中或許儲存了那棵老雲杉的回憶的樹根呢？如今我傾向於認為，後者才是關鍵。

塞巴斯蒂安和我一起吃了行囊中的「極地麵包」（Polarbröd），那是一種柔軟鬆脆的麵包片，另外還搭配了乳酪和藍莓汁。塞巴斯蒂安表示，公園管理處正在考慮，是否不該修建一條標示清楚的通往Old Tjikko的道路。許多遊客大老遠前來國家公園，興沖沖地在山上尋找那棵樹，如果他們遍尋不著，他們就會帶著失望與憤怒的心情返回入口的服務處大吐苦水。畢竟，他們是衝著Old Tjikko而來。

一條標示清楚的路徑？我壓根兒不喜歡這個主意。當我看著那棵柔弱的雲杉時，我已經可以預見，如此一來，肯定會有成千上萬的紀念品獵人蜂擁而至，除了自拍以外，他們或許也會想要拿根樹枝帶回家當戰利品。長此以往，這絕對不會是什麼好事。

至今為止，這棵雲杉所在的位置僅在地圖上模糊地標示，除此以外，在距離這棵樹五公尺的外圍，人們還用一條細細的白繩子綁在一圈三十公分高的樁上。這樣的「屏障」旨在防止人們踐踏敏感的根部。屏障之外，所有的地衣都已被踩成宛如沼澤地。由於Old Tjikko的根部在土地裡延伸的寬度肯定至少是樹幹的兩倍，因此如今它已經遭到遊客的破壞；當然，我也不例外。隨後我兩度陷入了沉思。穿著四十八號的鞋子的我，同樣也把許多柔弱的地衣送入「涅槃」。更糟的是，如果沒有更多的人透過我意識到這棵雲杉的珍貴，將來我是否甚至會淪為遊客氾濫的幫凶？這樣的想法令我十分沉重。我是否最好應該不再報導自然的珍寶，不再報導帶給我們希望、為許多人提供了認識周遭環境新入口的那些完好無損的生態系統呢？

難道沒有其他的解決之道？

如今，在這個季節裡，每天都會有一場參觀Old Tjikko的導覽。難道不能就保持像現在這樣，並且建立某種候補名單嗎？就連演場會也都有門票賣光的時候，為何樹木界的超級巨星就該有所不同？第三種選擇則是普遍禁止所有的人進入。我個人並不贊同這樣的作法，因為，將人們完全阻隔在外的自然保護，會導致大家對需要保護的生境興趣缺缺。

在我們下山後，我們再次在國家公園服務處逗留了一會兒。塞巴斯蒂安的朋友海倫娜走了進去，不久後還帶回來一條小香腸塊。她說：「這是給那些『不幸鴉』的。」德國人俗稱的「不幸鴉」（Unglückshäher）其實就是「北噪鴉」（*Perisoreus infaustus*），這個名字其實是這麼來的：在特別寒冷的冬天裡，牠們得要向南遠移到中歐才能找到食物。幾個世紀之前，牠們的出現預示著極其惡劣的天氣條件，像是嚴寒和大雪。對貧苦的農村居民來說，這可是難以承受的不幸，這種鳥也因此得名。

在菲呂山國家公園裡，這些動物很能討遊客們的歡心。渺小的地衣是不足以滿足遊客們的觀光需求。這些溫順的鳥類至少可以讓失望的遊客開心一點；特別是，當他們由於地圖上含糊不清的指示而找不到 Old Tjikko 時。

這也讓我們來到了問題的核心：許多遊客並未被令人摒息的美妙風光所吸引，對許多高度特化的生物也不太感興趣。是的，重點在於那棵在山脊上挺過風暴的、柔弱的小樹的高齡。就視覺上來說，那棵雲杉算不上什麼亮點；重要的只是它悠久的歷史。唯一吸引人的，就只是「它已為生存奮鬥了九千五百五十年，而且可能還會繼續堅持數千年」這樣一件事。畢竟，小小的雲杉多如海邊的沙，只因自身的長壽才與其他高齡的同類有所區別。

不過，我和塞巴斯蒂安的旅程尚未結束。他無論如何都想帶我參觀一下附近另一座原始森林。我們的確也去參觀了，然而重點是，我們開車經過了無數的原始森林的木材堆；這些木材堆的背後則是廣大的皆伐土地，它們摧毀了這個獨特而緩慢的生態系統。根據塞巴斯蒂安的說法，這種情況在那些木材獲得「森林管理委員會」（FSC）的認證後攀上了高峰；這種認證專為特別環保且特別具有社會責任感的林業背書。

我在韋斯霍芬（Wershofen）的林業經營中也使用了ＦＳＣ認證，然而，根據我自己近年來的一些觀察（森林管理委員會同樣也認證了在埃佛國家公園裡皆伐的木材），我卻不再那麼肯定，ＦＳＣ標章是否還有任何意義。有什麼事情會比大量採伐原始森林的木材還更糟呢？如果一個這樣的標章不但不能阻止這類情況發生，反倒還在有人公開提出警告下繼續對這類林木給予認證，那麼我們或許不得不尋找一種替代選項。然而，尋找什麼樣的替代選項呢？另外還有所謂的「森林驗證認可計畫」（PEFC），但它的標準卻還是低於「森林管理委員會」的標準。除此以外，在木材市場上其實是一片空白，其餘的就只有不受任何非政府組織外部控制的產品。

我們帶著複雜的心情開車回家，不過，在瑞典荒野中的一個小餐館舉行的送別晚宴上，我們又做了最後一回頗具建設性的對話。世界各地都有像塞巴斯蒂安這種孤獨的行動者，他們僅憑一己之力奮鬥，取得了許多成就，但有時卻也不免感到沮喪。如果這樣的一群人每年都能聚一聚，彼此單純地交換一下心得，那不是很好嗎？沒有議程，沒有目標，只為讓彼此不會感到孤獨。在那天晚上，我們約定好要安排一場這樣的聚會，我很期待與所有的孤狼相聚——且讓我們一起昂首嚎叫吧！

一個樹木的集合得活到多老，
才配稱做生態系統？

28 尋找原始

像「Old Tjikko」這樣的一棵老樹，非常適合藉以展示，什麼是自然的本質，那就是：近乎無窮盡的時間需求，這絕對是不可或缺，細膩平衡的生態系統才能獲得充分的發展。如果單單一棵樹就能活到那麼老，那麼一片森林又可以有多老呢？一個樹木的集合得活到多老，才配稱做生態系統？

這個問題之所以如此重要，是因為我們亟需將更多人工林變回原始森林。諸如物種的多樣性、對氣候的影響力及療養的可能性，這些都不是人工林所能提供。此外，我們還有一股責任感，想修正過去幾十年來種種過分的行為。然而，我們首先必須知道一件事，那就是：一個真正的森林究竟是何種模樣？

我想找出這個問題的答案，而我的書則給了我這麼做的機會。不，這並不完全正確，因為單單由於讀者所給予的廣大關注，就使《樹的祕密生命》和後來的續作成了國際暢銷書。

在加拿大也是如此，而且我還收到了一封從那裡寄來的求助電子郵件。那封信是夸卡族（Kwiakah）的行政官員法蘭克・沃爾克（Frank Voelker）寫來的。這個原住民族只有將近二十位成員，因此很難對抗大型木業集團。

環保運動的成功是間接致使他們陷於困境的主因。這項環保運動就是永久保護溫哥華島（Vancouver Island）上的「大熊雨林」（Great Bear Rainforest），此為地球上最大的完好無損的溫帶雨林，恐將淪為木業的犧牲品。二十多年來，原住民與環保團體不單只為樹木而奮戰，同樣也為動物而奮戰。特別是灰熊，牠們是想用毛皮和動物頭顱裝飾客廳的狩獵遊客的目標。於是「雨岸保育協會」（Raincoast Conservation Society）迅速地買下了許可證，並且多次讓它們過期；至少是部分的雨林，藉以讓灰熊免於被推上火線。

自二〇一七年起，整個英屬哥倫比亞省就不再允許對灰熊進行戰利品狩獵。此外，早自二〇一六年起，大熊雨林的百分之八十五的面積也已獲得永久保護。從那時起，面積超過三萬平方公里的雨林可以平靜地過自己的生活。甚至就連藉助水壩的水力取得也都遭到禁止。當時我對這個好消息感到非常高興。然而，來自夸卡族原住民的電子郵件卻令我陷入了沉思。因為森林與木材業者這下得要尋找替代品，而且他們顯然加大力道在其餘南部地區進行採伐中找到了替代品。

不，在這件事情上，我們其實不能說是「找到」；事實上，那是政府為彌補他們在新的自然保護區上所蒙受的損失，而許給他們的替代品。菲利普海灣（Phillips Arm）是現正遭受額外的大規模伐木影響的森林地區之一。它是夸卡族原本的部落地區的一部分，面積約有五百平方公里；原始的擁有者一直還在那裡為自己的權利而奮鬥。這個民族基本上願意妥協，並不是非要禁止對他們的森林進行任何的林業利用，不，他們只是希望大家能比較溫柔地對待他們的森林。畢竟，夸卡族本身同樣也會利用灰熊，只不過，他們所利用的是活跳跳的灰熊，以做為軟性觀光事業的一部分。

在森林被大舉採伐的地方，大雨將土壤沖刷到最近的河流中。鮭魚無法繼續存活在泥濘的洪流中，水域生態系統變得荒蕪。灰熊在秋季裡再也找不到任何肥美的鮮魚，藉以囤積用來進行冬眠的脂肪層。在這樣的情況下，牠們的數量減少了，遊客也因此損失了一大亮點。然而，糟糕的事情還不止於此。事實上，從昆蟲到小型哺乳動物、再到白尾海鵰（*Haliaeetus albicilla*）的整個食物鏈正在崩潰。而這樣的事情卻發生在全體居民及政府都非常重視觀光業的地區。

法蘭克建議我去拜訪一下他們的部落，進而支持他們所要推動的事。屆時我們會到現場去看看不同類型的森林，也就是原始森林、疏伐森林與皆伐森林。問題在於，未來人們如何更加親近自然；最重要的是，我們能否影響英屬哥倫比亞省的森林政策。我欣然同意會在十月時前往，而且熱切期盼能親眼目睹真正古老森林的風采。

法蘭克安排好了一切；特別是，在抵達目的地當晚，他還在坎貝爾河市（Campbell River；這也是夸卡族現今的部落所在地）設宴款待，歡迎我的到來。第二天早上六點五十分左右，法蘭克就開車送我們到港口。有位快艇船長和他的鋁殼船已在那裡等待著我們，他將帶我們前往保護區。隨行的還有兩位記者、三位林務員以及族長本人。穿著雨衣、戴著毛線帽的史蒂芬族長，完全顛覆了過去我從威尼圖（Winnetou）系列小說中所形成的對印地安酋長的想像。此外，他還顯得有些靦腆；只不過，這樣的印象很快就被帶點神祕幽默感的親切性格給化解。

行船過程頗為艱難。當時天空正在下雨，還有陣陣冷風掃過水面，我們就在重擊中晃個不停。船艙的窗戶裡裡外外都霧濛濛的，所以幾乎完全看不見航程所經過的朦朧風景。歡迎來到北方的雨林！有別於我的故鄉埃佛，每年每平方公尺的降雨量只有八百公升，這裡居然有多達四千公升！

在行船近七十五分鐘後，我們的船駛入了一個海灣，這時我們在一個小港口附近看到了我們的住處——索諾拉度假村（Sonora Resort）。它座落在一個山坡上，大部分都是木製的。早已有人在碼頭旁等著迎接我們，兩位工作人員接過我們的行李，隨後我們就去辦理入住手續。由於我們是這家旅店的客人，所以我們等待經理們來跟我們喝杯歡迎酒。他們為我們介紹了包括廢水處理在內的所有設施，然後我們又回到船上。畢竟，我們想去參觀一下夸卡族的部落區，那裡位在距此有二十公里遠的大陸上。

當我們進入菲利普海灣時，它在最美的陽光下展露了自己。接連兩天的雨雲應該都不會再回來，所以我們有著完美的天氣——但卻沒有完美的風景。在周圍的群山裡，舉目所及盡是木材工業所製造的創傷。林道沿著山坡蜿蜒而下，森林則被切割成不同年齡的許多區塊。唯有在岸邊才有碩果僅存的些許老樹。

我在歐洲就已見過這樣的景象；在那裡，森林基本上會被劃分成多個小區，並以這樣的方式經營管理，所以，即使在遠處，也能清楚地看出這樣的「馬賽克」（不妨試著利用「Google Earth」或類似的程式來瞧一瞧）。雖然我很清楚，這幾十年來加拿大的伐木業肆無忌憚地採取皆伐，但我還是希望，至少在像菲利普海灣這樣的偏遠地區，還能找到殘存的原始自然。就連蒙蒙特（Munmuntle；史蒂芬的印地安名）族長也抱持著這種希望。他在他們祖先的土地上做了一場小小的致詞，藉以歡迎我們的到來；此舉令法蘭克有點驚訝，因為他從來都沒有見過這種事。蒙蒙特也提到了我們想去看看的那些原始森林。我就先說結果好了：令人遺憾的是，在我們待在那裡的兩天裡，我們根本沒有找到什麼原始森林！只有在一些或多或少還未被染指的、最大寬度將近五十公尺的狹窄邊緣地帶，我們才見到了寥寥無幾的些許殘存老樹。

大型林業公司的兩位代表，譚雅與多明尼哥，勇敢地面對了我們在森林中所做的討論。針對加拿大西海岸的情況，他們做了以下的描述：擁有最多土地的國家需要收入。於是它便藉由出售價高者得的伐木許可來賺取這些收入。許可涵蓋了面積廣達數百平方公里（有時甚至超過一萬平方公里）的劃定區域，得標的公司必須在五年內砍伐一定數量的木材。必須？是的，因為當局事後（也就是在伐木後）才收錢。每立方公尺得要繳交一筆「立木費」（stumpage fee）；根據木材的品質與市場的行情，這筆費用大約會落在十三到三十五歐元之間。如果伐木者購買了許可，但卻很少或根本沒有砍伐木材，那麼他們就會喪失許可。

然而，沒有任何一個體制會糟糕到，無法憑藉卓越的公關仍將它們包裝得光鮮亮麗。加拿大西海岸的情況大致是這樣的：一個林區每八十年只採伐一次，接著就完全任憑它們自己平靜地復原，這難道不是一種溫和的林業嗎？但這多多少少還是會波及諸如灰熊之類易受影響的物種。此外，人們還得根據視覺方面的規定執行採伐；那些規定要求，應該盡可能避免從水面上就能看見伐木的活動。或許你已經猜到了，原因正是觀光業。英屬哥倫比亞省如詩如畫的風光，誠如我們在電視上所見到的那樣，應該有感地維持。至少在我看來，這是行不通的。

當我們與法蘭克及蒙蒙特族長乘船穿越大海抵達部落區時，映入眼簾的盡是年輕的森林，還有東一塊西一塊的褐色「補丁」；那是剛被採伐過的痕跡。沿岸立著窄窄的一排老樹，它們完全無法掩飾後頭山坡上的生態破壞。在岸邊的岩石上曬著太陽打盹的海獅，幾乎沒有得到任何補償。

後來，在我們徒步漫遊森林時，我問了譚雅與多明尼哥兩位林務員，溫和的疏伐會不會比較好？當然，溫和的方式肯定會比較好，但我也該考慮到，如此一來，森林就會更常被打擾。此外，為了採收相同數量的木材，就得動到十倍大的面積；因為，在採取疏伐的情況下，最多只能採伐百分之十的樹幹。更重要的是，林道網路就得長期維持甚至拓展。畢竟，像我一樣想要帶著馬匹在森林裡工作的人，或許都得設法去到那裡。

這種說法其實並沒有錯。以德國為例，每平方公里的森林就修了十三公里的林道，這些林道把生態系統切割得四分五裂。像是對光特別敏感的步甲科（*Carabidae*）昆蟲，就不會跨越這些人造通道，因為待在森林小路上對牠們來說太過明亮。此外，被壓實的路徑會阻斷地下的水流，從而導致斜坡上方積水、下方乾燥。然而，問題是，包括我們自己這裡在內，少開點路究竟行不行呢？答案絕對是肯定的！

就連因採取疏伐而造成的更頻繁的干擾，我也認為那是可以容忍的。動物會習慣這樣的方式，誠如軍事訓練場這種極端的例子所示。在訓練坦克射擊的期間裡，那裡會有觀察野生動物最好的時機，因為鹿和狍鹿都很清楚，這時不會有任何獵人來奪走牠們的性命。人類只在被視為掠食者時會造成騷擾；非洲或北美洲的國家公園令人印象深刻地證明了這一點。舉例來說，在那裡，水牛會容許遊客只與牠們相隔短短幾公尺的距離，因為牠們只是將遊客視為另一種無害的草原居民。套用在英屬哥倫比亞省，這就意味著，如果同時禁止狩獵，林工的出現就不會對野生動物造成壓力。在一個仰賴野生生物觀光業的地區，這其實應該是理所當然的事。

夸卡族只有兩種選擇：要不就是政府及林業公司與他們達成協議，自願嘗試一下比較溫和的作法；要不就是直接上法院去爭取自己的權利，不過這得花費數百萬美元，可是部落籌不出這樣一筆鉅款。在這種情況下，目前或許只有一種選擇。

因此，未來的課題必然就是：如何將那些森林改為以溫和的疏伐方式經營，此外還有，如何維持夠大的、沒有任何林業的保護區？解答或許就是這麼簡單。畢竟這些地區迄今依然屬於沿海的原住民族。他們對森林的理解與許多新移民截然不同。舉例來說，他們同樣也會用木頭建造房屋，但他們往往都不會砍伐整棵樹木，而是會大費周章地從樹幹上取下一塊塊木板，藉以避免殺死樹木。此舉同樣也是相當殘酷，因為這麼做會大範圍地傷害樹木。然而，無論如何，至少樹木還能保住性命，而且森林敏感的整體結構也幾乎沒有受到干擾。

至今尚存、而且近來還被定位成文化古蹟並加以保護的那些樹木顯示出，此舉對沿海森林的紅雪松（*Thuja plicata*）的壽命不太會有負面影響。

另一方面，雪松這種樹木特別受到木材工業的吹捧，以至幾乎再也找不到一棵樹幹較為粗大的雪松。即使生長在陡峭的斜坡上，雪松一樣會遭到砍伐；由於缺乏道路，人們則會用直升機把它們運到最近的海灣（到了那裡，它們接著會被當成木筏繼續運輸）。這導致了許多印地安人不得不停止傳統的獨木舟建造，因為根本沒有夠厚的樹木可以用來製造獨木舟。

在那些原住民看來，森林的經營應該要有在歐洲的擇伐林裡所見到的森林形象。擇伐林是以貼近原始森林的方式經營，保留了樹木的族系，個別的樹木有可能活到很老。人們只會零星地在這裡或那裡砍伐某棵既成熟、又粗大的樹木，除此以外，森林不會受到任何影響。若能加上禁止任何伐木行為的保護區，貫徹這整套的經營方式，或許能讓菲利普海灣的森林恢復昔日的面貌。

在德國，像是呂貝克（Lübeck）的城市森林，就採取了類似的做法，同樣也將原始森林的氣息歸還給了「土著居民」（也就是我們這些德國佬）。只不過，我們反過來也得給予這樣的計畫大量的時間；為了從人類的干擾與破壞中恢復過來，森林需要數百年的歲月。

然而，從何時起我們才能說某片森林是真正的原始森林呢？且讓我們回頭想想「Old Tjikko」周邊那些生長速度無限緩慢的地衣，那些地衣是在經過幾個世紀後才出現在樹木廢墟上。生長速度如此之慢的生物還有多少呢？憑藉當前的知識水準，我們真的能給出一個時間框架嗎？

我個人認為可以，而且是以非常務實的方式，那就是：至少得讓一個世代的樹木在沒有人類的干預下自由生長。根據樹木的種類，這或許需要將近五百年的時間。聽起來很久嗎？且讓我解釋給你聽。第一代的樹木還是來自人工林與採取皆伐經營方式的時代，因此是在完全不自然的條件下成長的。前述的緩慢性要到第二代的樹木身上才會發生，它們則是在母樹的遮蔭下在長久的半明半暗中成長的。完整的森林發展過程、昔日的生物多樣性，最早得要從這個時點起才能開始期待。

在夸卡族的森林中，暫時還是只有關乎視覺的「美容」修正。其中一位林務員就在回程中在船上指著對面的山坡。他語帶自豪地表示：「人們只會看到百分之十五的皆伐土地。」其餘的部分，在人們巧妙地安排下，完全隱沒於前面的山丘之後。對遊客而言，剩下的不過只是假裝原始的綠色背景罷了。

我回到家之後又收到了法蘭克寄來的一封電子郵件。他在信中首先感謝我們的造訪為部落點燃了對未來的希望，但隨即又告訴了我一個壞消息。也曾參與聚會的一位「西部林業公司」（TimberWest）代表告訴印地安人，他們的部分森林很快就要藉助直升機來施肥；這是一個試驗計畫。法蘭克覺得，這無異是賞了他一記耳光；特別是因為在幾天前的森林裡，這位代表居然沒有勇氣當場提出這個議題。

乍聽之下，施肥似乎是無害的。我們不是也會給農田或玫瑰花圃施肥嗎？在耕地上，或是在一定範圍內，這是可以、甚或是必要的；相反地，在森林裡，這卻會是一場災難。樹木並不想要快速成長，唯有在父母的保護下享受數百年的青春年華，樹木才能長成老樹。在伐木業的皆伐下，雲杉、冷杉和雪松已在烈日下迅速成長。如果這時人們再用施肥來加速這一切，那麼這些樹木就和被填飼的豬隻沒什麼兩樣；幾乎沒有什麼生命力，不過很快就能宰殺。

其餘的生態系統將會受到更嚴重的破壞，因為森林的全部所在地都將被夷為平地。那些在天然的狀態下缺乏養分、有時土壤的酸性過高的區域，還有那些在這些區域上特化而成的生命共同體，都將因為從天而降的粉末雨而被抹去。英屬哥倫比亞省最終將會因此將其北方雨林退化為木材場。

於是我決定，不讓我對夸卡族做的拜訪淪為一次性的體驗，而要讓它成為對這個部落的長年支持的開始。畢竟，在我所去過的任何地方中，都沒有誰比這些原住民更能讓我清楚感受到，人類與自然之間的連結依然是如此牢固。我很樂意幫助維護它。

即使大部分的老橡樹和落葉樹已有超過一百年未被動用，
但還得再過上四百年，
才會再次形成非偽造的自然。

29 比亞沃維耶扎原始森林——一個艱困的案例

近年來，一個波蘭的團體吸引了國際的關注，因為他們在為一小塊非常特殊的自然環境發聲，那就是「比亞沃維耶扎原始森林」。針對這座原始森林，引爆了一場對世上其他許多森林都具有示範意義的論戰。

這片古老的森林位於波蘭與白俄羅斯的邊界上，氣候十分惡劣——對山毛櫸而言太過惡劣。雖然這種樹木形塑了中歐過往的原始森林，不過在這裡卻再也見不到山毛櫸的身影，因為此地的冬天既寒冷、又漫長。取而代之的則是橡樹、菩提樹、千金榆、楓樹和雲杉。

波蘭政府，或者，更確切地來說，應該是執政的法律與正義黨（PiS），不僅認為比亞沃維耶扎原始森林的自然保育必要性被高估，而且還允許在國家公園周圍的森林中進行大量採伐。當抗議活動爆發後，另一陣營的人祭出了許多林務員的那套舊說詞：樹皮甲蟲會吞噬掉整個森林，如今唯有藉由移除遭到侵襲的樹木（之後當然會立刻善加利用），才能克服這場災難。這並非完全空穴來風。近年來，樹皮甲蟲家族的一種身長僅幾公釐的小甲蟲，也就是雲杉八齒小蠹（*Ips typographus*）大軍開始毀損樹皮，從而也摧毀了整個雲杉林的所有樹木。

這種甲蟲的德文名稱之所以叫做「印刷機」（Buchdrucker），是因為牠們與幼蟲會在樹皮下挖掘對稱的通道。雲杉八齒小蠹喜歡雲杉，更確切地來說，應該是，喜歡樹皮與木材之間的生長層（**growth layer**，亦稱年輪）。它們多汁且營養豐富；順道一提，同樣也適合人類食用。問題是：健康的雲杉能保護自己，一旦入侵者鑽進樹木，就會立即用一滴樹脂淹死入侵者。

然而，在炎熱乾燥的夏季裡（由於氣候變遷的緣故，這樣的夏季愈來愈頻繁），樹木不僅會變得虛弱，還會因此釋放出壓力氣味。甲蟲可以聞到這種氣味，進而對這樣的雲杉發動攻擊，最終導致雲杉一命嗚呼。接著又會有下一棵樹遭到攻擊，而且甲蟲往往也不會放過健康的雲杉。由於攻擊者的數量過於龐大，樹木無法抵禦所有的入侵者，最終只能任人宰割。因此，樹皮甲蟲可以破壞一大片單調的雲杉林。不過，與此同時，會在甲蟲之間相互傳染的病原體也會繁殖，最終也會導致甲蟲浪潮的終結。

那麼，在歐洲最後的原始森林之一的地區裡，砍伐樹木該不該被允許？又或者，如同許多林務員所主張的那樣，那其實根本就不是原始森林？這是一道就連森林保護者也得思考的難題。

事實是：早在一九三二年時，就有面積大約一百平方公里的一片較小的老森林被劃為國家公園；到了一九九一年，位於白俄羅斯境內、面積有一千多平方公里的另一片較大的森林，同樣也獲得了相應的保護。邊界兩側的整座森林已被聯合國教科文組織指定為世界遺產，因此與澳洲的大堡礁或美國的黃石國家公園等都是世界的珍寶。除了古老的樹木以外，那裡還是兩萬多種物種的家，其中包括了體型龐大的歐洲野牛，牠們瀕臨絕種，而且還一直受到危害。

且讓我們留在屬於波蘭這一邊的自然遺產。那裡的老森林遠遠超出了任意劃定的國家公園邊界。總體說來，它覆蓋了六百多平方公里的土地，此外，由於它所擁有的稀有物種，也讓它非常具有價值，因此它也躋身於「自然兩千」（Natura

2000）的行列，這是一個歐盟層次的保護等級，僅僅允許人們做些謹慎的干預。隱藏在這個官僚術語背後的目的則是，維護歐洲最後一些近乎完好無損的生態系統。

眾所周知，像美國那種真正的大型國家公園無法被移植到這裡，所以這類保護區其實只是一種妥協，因為人們可以繼續加以利用——只要不對森林造成太大的影響即可。

而這正是在波蘭發生的情況，甚至還被大吹大擂。以樹皮甲蟲為藉口，很難掩飾在此想要滿足兩個需求的實際意圖：一方面，那些主事者不想留給自然太多的木材；另一方面，人們又想向歐盟表明，他們大聲地為有益於自然的限制性規定喝采。在二〇一六年，當時波蘭的環境部長楊・希茲科（Jan Szyszko）大筆一揮，將開放砍伐的數量提高了三倍，而且還允許伐木業者，直到二〇二三年，可從保護區裡採伐近二十萬立方公尺的木材。

儘管在國際間掀起了抗議的浪潮，可是重型機具還是開始每天砍倒數百棵的樹木。這整件事被包裝成森林營救行動，砍伐樹木被說成是唯一的手段，用來消滅那些據稱對殘餘的森林構成威脅的樹皮甲蟲。

然而，就比亞沃維耶扎原始森林的情況來說，我們卻有多個不必介入、只要坐視這場權力遊戲的理由。這片森林其實並不是單一栽植雲杉的人工林，而是一片混雜了多種不同樹木的原始森林。如果雲杉不幸被甲蟲害死，樹叢只會變得鬆散，卻不會形成任何光禿的地面。再者，還有保護狀態；保護狀態的規定旨在維續自然力量的自由發揮，在這當中同樣也（必須）包括在人類看來屬於不受歡迎的某些過程。除此以外，幾百萬年來，自然早已能妥善應付這類發展——根本就不需要我們人類介入。

因此，以搶救森林之名進行的大規模砍伐，只不過是預先做了人們擔心甲蟲可能會做的事情，也就是：大規模地破壞受到保護的森林。無疑地，這件事情迫切需要在地的行動者支持！

學者皮奧特與環保人士亞當前來華沙機場接我，然後我們坐上一部前往波蘭與白俄羅斯邊界的巴士行駛了數個小時。車子著實是飛馳在有點破舊的道路上；幸好一路與兩位同行者相談甚歡，這才使我忘了擔心能否安全抵達目的地。直到入夜之後，我們才抵達比亞沃維耶扎森林，但我們的第一個行程卻不是去看樹木，而是先去抗議活動的營地。

有別於我的想像，既沒有看到五顏六色的旗幟在飄揚、也沒有見到什麼帳篷區。是的，出現在眼前的是一棟偌大的老房子，森林守護者就把他們的大本營設在裡頭。如果打算長期抗戰，這也許是更好的選擇。我們受到熱情的歡迎，接著被帶到一張大型木製公用餐桌旁，在長凳上坐了下來。在真正的任務（也就是僅憑出席表達支持）開始前，我們先喝了點咖啡、吃了點蛋糕。當然，席間我們並非相對無言、沉默不語，而是和整個團隊談論了問題與成果。

當時在場的，還有當地電視台的一個攝影團隊；有人警告我，他們不一定是站在抗議者這邊。正如保護區周圍的許多居民，類似加拿大的林務員那樣仰賴森林及其木製品維生。

我們在維穆特卡旅店（Hotel Wejmutka）過了兩夜，這是一棟舒適的全木結構房屋，位於比亞沃維耶扎的郊區，距離國家公園不遠。業主是抗議運動的堅定支持者，無怪乎第二天晚上會在這裡舉行一場科學家、環保人士和國家公園之友齊聚的會議。

我得承認，我在會議中頻頻打瞌睡，但那並不是因為會議過於無聊。而是由於為了去看歐洲野牛，我們半夜三點半就得起床。如果人都已經到了比亞沃維耶扎，那麼至少該去看看那些雄偉的動物！這意味著要早起，以便在破曉時刻把握最佳的觀察時機。

於是皮奧特、亞當與我就在昏昏欲睡的狀態下，站在旅館前等待著護林員。不久後，他開著一輛老舊的Škoda汽車到來，隨即便下了車，一身的軍用迷彩服。他喃喃地打了個簡單的招呼，隨即又回到車上；為了怕跟丟，我們也趕緊上了我們的車，並在一個小型的聚落旁停下車輛。

當時天色朦朧，風景籠罩在霧中。濕淋淋的野草把我們的鞋子都給弄濕，不久之後，就連我們的襪子也都濕透了。我們跟在護林員後面沿著一條小路潛行進入草原。「在那裡！」他指著一團濃霧說道。起初我們什麼也沒看見，可是不久之後就有三個龐然大物逐漸顯露出來。歐洲野牛！

我們興奮地輪流使用護林員在此期間設置的望遠鏡。霧中有三團陰影，牛角清晰可見；接著牠們就轉過身去，再次消失於霧中。「有時候我們根本看不到任何動物。」護林員簡單扼要地表示，藉此讓我們明白，我們真的很幸運。當我問到，這些動物究竟是以什麼為食，他告訴我們，當然主要就是草。為了安撫附近的農民不要反對那些歐洲野牛，政府給予他們補貼，藉以換取特別針對野牛的草場維護。

歐洲野牛偏愛吃舊種草，舊種草的營養成分低於新的育種草，而且新的育種草還因施肥的緣故熱量特別高。雖說，此處我們所談論的是「草」。然而，歐洲野牛卻被認為是「森林」動物！這也正反映出被弄得殘缺不全的地貌問題。

事實上，原本中歐也不乏草叢繁茂的地貌，這些地貌存在於河漫灘。原因在於融雪期間流冰對樹木的破壞，會創造出一些沒有樹木的區塊；在氣候變遷前還經常可以見到這種現象。除此以外，在高山上的樹木界限（tree limit）旁，還有在沼澤的邊緣，也會有大型草食動物的一些草場——也不過如此而已。

由於人類不想讓出這些地方，於是歐洲野牛之類的動物就被逼入根本無法生存的森林保護區。其結果就是，一種即使在冬天也能以乾草的形式提供草料的農業。如此一來，雖然皆大歡喜，歐洲野牛卻也因此不再過著原始的野性生活。

是以，我們組成的這個小旅行團所經歷的，無非就只是一個大型的野生動物園。若要改變這種狀況，就需要更大的保護區。然而，波蘭政府卻正在清理森林。此舉不單會讓歐洲野牛遭殃，還有像是我們曾多次見到其蹤跡的山貓（*Lynx lynx*）和狼等其他許多動物，同樣也都會遭殃。

結束早晨的野生動物園之旅後，我們返回行動者的家，接著再從那裡展開在林間小徑上的森林漫步。我們經過了一群巨大、已有五百年歷史的橡樹。第一批蚊子圍著我們嗡嗡作響，我們拐了彎直接跨入森林。才走沒幾公尺的距離，就見到了一些寬闊的車轍，其中有些還深達將近一米。它們一路延伸至森林深處，兩旁則滿布著巨大的新鮮樹樁。很顯然，不久前，有部大型機具才從這片受保護的森林裡移走了許多樹幹。舉目所及，盡是伐木工作所造成的光禿景象；地面上覆蓋著新鮮的綠色，反映出此處受到異常大量的光線照射。我們為媒體及我的社群媒體帳戶拍了一些照片。

在下一條森林小徑旁，那些死去的巨木被整齊地堆放起來，等待被運走。隨行的森林守護者根據年輪計算了許多樹木的年齡，還分別將數字噴在那些樹幹上。就這樣，他們記錄下了，那裡有些很老的樹木遭到非法地砍伐與出售。我們又在一個要求保護森林的橫幅前拍了另一張照片，然後就返回比亞沃維耶扎那個小地方。

此行的結論：那片森林非常古老，相當值得保護；只不過，它其實並非真正的原始森林，至少有很大一部分不是。幾十年前重新造林的痕跡清晰可見，即使大部分的老橡樹和落葉樹已有超過一百年未被動用，但還得再過上或許四百年，才會再次形成根據前述定義的非偽造的自然。然而，這並不會減損保護的必要性。畢竟，這片森林已經朝著林業利用歸零的這個方向發展了幾十年。此外，在歐洲，我們幾乎找不到，至少在這麼長的時間裡幾乎沒有發生任何活躍的變化，從而可以與之媲美的區域。

我很希望，我們在德國也能擁有這樣的一片森林，然而，至少近似於它的那些森林，在德國卻依然飽受威脅；在後頭的事例中，威脅則是來自能源生產。

不，德國再也沒有原始森林，
就連一平方公尺都沒有。

30 留下最後的漢比！

就連在我們這裡，更確切地來說，在科隆門前加茲韋勒（Garzweiler）附近的褐煤開採區，也同樣發生了值得我們仔細瞧瞧的事。這件事曾在二〇一八年時成為全德的頭條新聞。早自數十年前起，能源公司「萊茵集團」（RWE AG）的巨型挖掘機就一直在啃噬著當地的地貌，不僅摧毀了整座村莊，而且也摧毀了森林。在此過程中，它們留給了當地的地貌許多無法填補的巨大坑洞。所以，計畫就是：乾脆就把它們弄成一片巨大的湖泊！這片湖泊會有超過二十平方公里的面積，將近兩百公尺的深度。所需的湖水，則會在二〇四五年之前，逐步從萊茵河裡提取，在經過處理後引入。

說到水，為使礦坑在開採褐煤的過程中不被淹沒，無數的幫浦吸走了所有滲入的地下水；它們大約是在草地與森林下方超過半公里處。這是必要的，因為巨大的斗輪式挖掘機已經深掘砂質土壤四百多公尺深。四處的地下水也跟著流了過去，其中也包括埃佛山，在那裡，我在林區裡就能見到濕地迅速乾涸的後果。也就是說，開採化石森林（就是褐煤）致使森林遭殃。

特別是在古老的落葉林「漢巴赫森林」（Hambacher Wald）的問題上，激起了民眾的強烈反彈。它就宛如電影《大地英豪》（*The Last of the Mohicans*）中「最後的摩根戰士」，是採礦區中碩果僅存的固有森林，在生態上特別具有價值。古老的山毛櫸與橡樹是許多稀有昆蟲與諸如小蝙蝠（*Microchiroptera*）類的蝙蝠棲息地。小蝙蝠類需要老樹的樹洞，夏季時，雌蝠會在洞中陪伴子女長大。過去一度廣達四十一平方公里的面積，到了二〇一八年秋季時，僅僅只剩兩平方公里，其餘的土地早已被清理成露天礦場。既然如此，那還值得發起大規模的救援行動嗎？無論如何，早自多年前起，激進人士已發起過許多出色的運動，他們一再透過遠足活動來做宣導，還會藉由建造樹屋據守某些戰略要點。雖然這些舉動起初沒能為森林帶來多大的幫助，不過局勢倒是逐漸發生了改變，最終環保人士總算成功引起全國的關注。而這片碩果僅存的小森林之所以會如此重要，原因就在於：它是德國聯邦政府環境政策的象徵。

無論如何，二〇一八年的夏天暴露了一些嚴重的問題。許多針葉林都在乾熱中燃燒了起來，其中也包括了布蘭登堡邦（Brandenburg）的特羅伊恩布里岑（Treuenbrietzen）。當地有多個地點同時發生了火災，這是人為縱火的一個明顯跡象。儘管出動了大批的消防隊，大火還是焚燬了三平方公里分布甚廣的松樹森林。森林？在環境團體的支持下，媒體開始愈來愈強烈地質疑，受波及的真的是森林嗎？淪為大火受災戶的，難道不是由快速生長的非原生林木所構成的人工林嗎？松樹就像汽油桶，裡頭裝滿了易燃物質，例如萜烯（terpene）與樹脂。在如此乾燥的夏天裡，只需一根火柴就已足夠，碳氫化合物會近乎爆炸性地燃燒起來。

相反地，中歐的原生落葉林實際上卻是不可燃的，這也就是為何，中歐的森林大火並非自然生態系統的一部分。因此，特羅伊恩布里岑附近那些起火的人工林，其實更像是給失敗的林業的一個警訊。然而，這個綠色行會的代表不僅沒有自我反省，反倒聯手農業呼籲政府為植樹造林提供補貼。

這時輪到漢巴赫森林登場。它明白揭示了那些在政治上所犯的錯。因為，就在德國東部的松樹燒個不停、人們大聲求援的時候，德國西部的一群使用電鋸的林業工人卻已做好準備，就等十月一日這個伐木的截止日，沒有任何森林協會請求援助、組織抗議活動或是到現場宣傳理念。在這當中，特別醜陋的褐煤是導致氣候變遷與夏季熱浪的原因之一；此外，在升高的氣溫下，原生的落葉林遠遠更為穩定。為其發聲的主要都是一些年輕人，他們在老橡樹和老山毛櫸的樹冠上建造樹屋，藉以保護它們免遭砍伐。名為橡木鎮（Oaktown）、海灘鎮（Beachtown）或黃金森林洛立安（Lorién）等等的空中小聚落，多年來使這片古老的森林充滿了快樂的生活。至少直到北萊茵－西伐利亞邦（Nordrhein-Westfalen）的邦政府決定移除森林之前。理由是軟弱無力的：為了防止火災的發生，迫使主事者必須立即採取干預的措施。人們自己搭建的那些樹屋不符合建築法規，這點的確是顯而易見。可是，防火？

有別於針葉林，落葉林不會被雷擊點燃，也不會被舊的玻璃瓶點燃。不妨試試看點燃一根綠色的山毛櫸樹枝——絕對行不通的。無所謂，邦內政部長赫伯特・羅伊爾（Herbert Reul）下令清除那些另類聚落，為此還動用了北萊茵－西伐利亞邦史上規模最大的警力。人們在森林中開闢出林間通道，更將道路拓寬且鋪平。順著這些道路，推土機駛向了那些配有升降平台的樹屋聚落。在它們的幫助下，受到警察保護的工人拆除了樹屋，留下了被夷平的土地與大量的垃圾。此外，拒絕離開森林的激進分子也紛紛遭到逮捕。

平行於森林中所發生的那些事件，同時又召開所謂的「煤炭委員會」（正式的名稱為「成長、轉型及就業委員會」），在公眾看來，這簡直就是兩面造謊。這個委員會在它的多元組成上仿照了德國的社會群體。委員得要探究，德國如何在達成廣泛的社會共識下實現淘汰煤電。起初漢巴赫森林在這當中沒有任何戲份；不過，後來在討論中卻被納入考量。然而，萊茵集團並不想要再等幾個月，不，漢巴赫森林得要倒下。儘管各領域的專家全都證明，當前的採礦區還足以維持許多年，因此無須砍伐樹木。

雖然我已在臉書上發過一些支持文，不過這時似乎是時候該去現場走一遭。促成這件事的機緣是「綠色和平組織」（Greenpeace）打來的一通電話，他們問我能否共同組織一些活動，及時阻止樹木的採伐。我們相約共同出席米夏埃．佐貝爾（Michael Zobel）夫婦長年舉辦的森林巡禮。米夏埃是位採訪自然的導遊，他在二〇一四年時萌生了帶團參訪一下這片飽受威脅的森林的念頭，從那時起，他會每月一次陪伴有興趣的人參訪漢巴赫森林。當最後的兩平方公里持續受到砍伐威脅進入到白熱化的階段時，他將頻率提高為每週一次，且總是在星期天舉行。

二〇一八年九月三十日就是這樣一個星期天，我和家人以及森林學院的工作人員一同步入了塵土飛揚的礦場地貌。在正式開始的前一小時，已有上百人在等待。隨著輕軌鐵路分批將鄰近地區的人們載運過來，人數不斷增加，最終居然有上萬人來到現場。我的工作是讓媒體採訪和在廣播車上發表簡短的談話，除此以外，我們就只是與大隊群眾同行；他們和平地揮舞著旗幟走入森林，還會不時地高呼「留下漢比（漢巴赫森林的暱稱）！」無數的警察緊跟在後，除了確保森林的安全，還用直升機從空中監視著人群。除此以外，並沒有發生什麼驚天動地的事情。

不，這麼說並不完全正確。對我個人來說，這其實是一次動人心魄的經歷。在開姆尼茨（Chemnitz）等城市接連數週發生了外國人被追趕、民眾被獵殺的極右派暴力後，漢巴赫森林簡直就像另一個世界。這裡重現了一九八〇年代早期的抗議文化，只是當時針對的是核彈與核能。

記者一再追問，這片森林是否真有一線生機。畢竟，它正好位於礦場的邊緣，因此也緊挨著一個巨大的坑洞，在它下方地下水則被不間斷地完全泵出。此外，「漢比」的剩餘面積很小，只有兩平方公里，對樹木而言，這實在不足以營造出適宜的高濕度森林氣候。面臨如此沉重的打擊，它的前途顯得著實堪憂。答案非常簡單，因為二〇一八年乾燥炎熱的夏天，就像一場對樹木的極端壓力測試。在十月分的示威活動中，人們可以明顯看出，有別於其他許多的森林與城市樹木，老橡樹和老山毛櫸都能健健康康、生氣勃勃地存活下來。所以將來漢比絕對也能繼續存在。在這樣的情況下，反對阻止砍伐的人就失去了一個重要的理由，那就是：反正保護並不值得。

然而，在漢巴赫森林的問題上，卻還存在著另一種完全不同的衝突：經濟成長與氣候保護之間的衝突。對我來說，這座小小的綠色島嶼儼然是塊試金石，藉助它，我們就能看出，在真正想為減少二氧化碳排放做點什麼的這件事情上，政治人物到底有多少的可信度。森林就宛如一台溫室氣體的吸塵器，會持續大量地儲存溫室氣體。以漢比為例，它總共儲存了將近二十萬噸的溫室氣體，而這些溫室氣體會在採伐下被直接或間接地釋放出來。在漢比下方所發現的褐煤，當然具有更大的釋放潛力，這也就是為何，最好讓褐煤長眠地下。

在結束那場參訪的幾天後，明斯特（Münster）的高等行政法院下令暫時停止採伐。「德國環境與自然保護聯盟」（BUND）所提出的訴訟成功了！

在二〇一八年十一月的第二次參訪中，我意外地捲入了另一次並未受到公眾關注的清除嘗試。當時我是與《明星週刊》（*Stern*）的團隊同行，想去看看那片森林的近況如何。那些樹木看起來依然生氣勃勃嗎？那真的是古老的森林嗎？在此期間，有些不盡真實的說法遭到了媒體的以訛傳訛。例如，漢比成了德國最後的原始森林，擁有樹齡高達一萬兩千年的老樹。

不，德國再也沒有原始森林，就連一平方公尺都沒有。碩果僅存最有價值的生態系統則是，擁有樹齡超過三百年的樹木的老落葉林；這是漢比可媲美的。然而，卻也並非整個森林都是這樣的老樹，誠如我們的森林巡禮所示。雲杉帶見證了人工林的開墾，樺樹則見證了偶爾的皆伐。後者不能與山毛櫸和橡樹較量，不過倒是能在空地上繁衍。在那裡，樺樹每年可以增長超過一公尺的高度，就此度過對樹木而言相對短暫的近六十年的壽命。最晚到了那個時候，樺樹將再次被山毛櫸和橡樹所取代與填補。

漢巴赫森林仍有這樣的樺樹，它們顯示出了昔日的人為干預。不過，倒是還有很大的一部分非常原始；又一次。這與萊茵集團購買森林有關。為了移除那片森林，這個集團早在數十年前就已收購了它。在這樣的「死囚」身上花功夫經營正規林業根本毫無意義，這也就是為何，它會被就這樣閒置在那裡。老橡樹變得粗大，有些則是死去或倒下。於是森林裡就有愈來愈多的枯木，成了一個可以容納數千種昆蟲與真菌的特殊生態系統。我們或許也能這麼說：漢比陷入了睡美人的沉睡。

當我們從巨大的樹幹間走過時，守護這場沉睡的守護者拉著繩子從樹上垂降下來。代表發言的人蒙著臉，自稱「剛左」（Gonzo）。另有一位站在樹梢的女鬥士也帶著懷疑的態度對我們打了招呼，她想知道，我們去那裡到底要做什麼。當他們得知我們是為新聞報導而來，氣氛慢慢地改變了。作為簡短陳述的回報，那位女士要求我將躺在地上的一些木板綁在一條繩子上。她想把它們拉到樹上，藉以擴建新的樹屋聚落。我當然很樂意幫忙；在那之後，「剛左」也拉著繩子上到離地三公尺高的地方。他不想完全下到地面上，因為，與此同時，一群身著黃色反光背心的工人朝著我們走來，為了……，為了什麼呢？他們無權逮捕那些激進分子，周圍也不再堆放著許多建材（那些木板正在前往樹上的途中）。「剛左」對著他們大喊，記者就在樹木旁邊，密切地注視著這一切。後來，那些人就在樹木盤據者們輕蔑的奚落聲中撤退了。接下來，我們在平靜中進行了一場訪問，參觀了第二個聚落，還去察看了森林邊緣的礦場邊緣。那裡有警察帶著狼犬來回巡視，這令我不禁聯想起從前東德的邊界。

就在我們剛要離開森林返回停車場時，已有幾輛越野車從我們身邊經過，朝著樹屋聚落的方向駛去。剛剛盤查過我們、問我們要去哪裡的警察可能把這個消息轉告給了他們。

因此，「剛左」與他的戰友們只有三小時的喘息時間。不過，喘息的時間倒是很快又拉長了。到了二〇一九年二月一日，煤炭委員會達成一致意見，宣布逐步淘汰煤電，而且最遲得在二〇三八年完成。當中特別建議：漢巴赫森林應予以保存。德國聯邦政府則表示將會遵守這項決定。最後的漢比留了下來！

這不是「理智」的轉變，
而關乎「心態」的轉變。

31 一切只關乎心

如今你已學到一些樹木以及人樹關係的知識。如果你想強化自己與「植物大象」的關係，採取另一種顛倒過來的觀點或許會很有幫助。當人類看待樹木時，通常會代入自己的身體觀。樹冠，由於是在頂部，對應的是人類頭部，然後樹幹則是軀幹，下方的根部作為支撐與站立的器官，對應於雙腳。這點甚至反映在採用諸如「Stammfuß」（「底部」：字面上的意思就是「樹幹的腳」）或「Krone」（「冠」；它們同樣也被戴在國王的頭上）等用語的專業術語中。然而，如果在根部裡有類似於大腦的結構，在那裡，記憶會被儲存起來，還會藉由電子的方式頻繁地與鄰居進行交流，那麼它們最該對應的其實是頭部，甚至可能是軀幹。相反地，帶有「太陽能電池」的分芽，也就是帶有樹枝與樹葉的樹幹，很可能無法與雙腿相提並論，而是生產與處理食物的地方，也能觀看與呼吸。無論如何，這個位於上方的部分是可再生的，因為有許多種樹木會在樹幹被砍伐後再次發芽。相反地，如果只是移除根部，那麼就連地上的部分也同樣會喪命；更遑論，純就技術面而言，這也是不可能的，因為，如此一來，樹幹將再無任何支撐。

無論如何，把樹木想像成一種用頭站立的生物，會是比較正確的；因為所有植物的對應物都是連同根部埋在土地裡。不過，最重要的是，這種觀點不僅有助於我們更妥善地去理解那些巨大的生物，同時也有助於我們去培養對它們的同理心。要想保護自然，這樣的同理心至關重要。

法律和規定所造成的影響，我們在自家門口就看得見：空氣中的二氧化碳含量上升、海洋淪為垃圾場、森林萎縮。我們所需要的急轉彎，必須透過另一種方式來開展。不妨想想鯨魚或大象。牠們能受到保護，亦是受到單純的同理心的影響。樹木難道不就像是「植物鯨魚」或「植物大象」嗎？

保護自然無論何時都不會為時已晚，此外，我們始終也都與自然息息相關。伴隨著在漢比與比亞沃維耶扎發起的抗議活動、伴隨著「週五護未來活動」（Fridays for Future）與拯救蜜蜂的全民創制，各個年齡層的人們都顯露出，如今很有希望會出現一個大轉變的跡象。這不是「理智」的轉變，而關乎「心態」的轉變。

謝辭

書裡闡述的那些資訊，你到底是如何找到的呢？經常有人問我這個問題，答案很簡單：我是個好奇寶寶！無論是報章雜誌上的零星資訊，還是與同事或科學家的對話，抑或是書籍或旅行，我總能從中發現一些耐人尋味的蛛絲馬跡。我會先將這些資訊收集起來，接著做些基礎研究，然後加以評估，最後再將一切組成一塊「拼圖」。結合我自己的觀察後，有時便能得出某些新知。這些新知往往令人十分振奮，所以我曾不止一次從書桌前躍起身來，在屋裡邊跑邊叫：「實在太狂啦，我絕對得把樹木能做些什麼，統統說出來！」若你也想把樹木這個主題擴及人與自然的範疇，或許就能體會，我總是迫不及待想把新發現與妻子兒女分享的心情。

感謝我的妻子米利安（Miriam）、兩個孩子卡瑞娜（Carina）與托比亞斯（Tobias），衷心感謝你們總是耐心地「洗耳恭聽」！不僅如此，在寫作時程已經過了一大半，手稿卻仍然混亂不堪的時候，你們總能適時給我一點安全感。

這樣的混亂並不是因為缺乏計畫，不，計畫其實一直都在。然而，在進行研究時，往往不是單單打開了一道門，而是同時開啟了好幾扇窗。更多有趣的資訊隱藏其後，這使得有必要增加章節，但某些章節也會因而變得多餘。於是乎，手稿一變再變，這裡得多一點、那裡得少一點，讓我深感調整之必要。

到了二月，一切總算撥雲見日，我終於能展開深鎖的眉頭，將文稿呈現在米利安的眼前。

有別於請親友試讀時，通常會出現的情況（基於人情，不忍心挑剔或苛責），米利安在這方面倒是非常可靠。就連我有哪幾日狀態不佳，她都能從文稿中讀出來，然後指出相應的內容，提醒我在哪裡的敘事口氣變弱了。反之，當她讀得津津有味時，我也懂得珍惜她的讚許，這時我就可以確定自己走在正確的道路上。

若需要在驚奇與資訊之間，找到正確的混合比例，路德維希出版社（Ludwig Verlag）的 Heike Plauert 及其團隊便會適時伸出援手。

三月我便完成了初稿，不過說到可以付梓，卻是為時尚早。還得等候我的編輯 Angelika Lieke 細細審查，她以令人難以置信的迅速及準確，揪出了不少同義反覆與解釋漏洞。

與此同時，銷售面的工作也在緊鑼密鼓的籌備中——畢竟，這本書得在出版之日出現在書店裡。緊接著，印刷工作開始全速進行，公關部的Beatrice Braken-Gülke也為我安排了參加電視節目與採訪。就這樣，這本書總算順利問世，整個過程花了整整兩年，如今我正期待著你的評判！

那麼，之前的那些書又都怎麼了呢？那些書的收益有部分用來資助我的森林學院，其位於為森林所覆蓋的埃佛區（Eifel）韋斯霍芬（Wershofen），致力於舉辦一些研討會與課程，以傳遞自然這個主題的相關知識。除此以外，學院團隊也致力於研究，並推動各種環境倡議。從森林到書籍、再回歸森林的迴圈已然完整。這令我感到十分欣慰。

最後，我要特別感謝那些勇敢的研究先鋒，他們不惜對抗主流，保持自己的好奇心，打破砂鍋問到底，不讓自己的答案去迎合傳統的世界觀。如果沒有這些人，我的拼圖恐怕無法完整，解密「人類與自然的祕密連結」的心願，恐怕也只能化為烏有。

註釋

1 Davidoff, Jules et al.: Colour categories and category acquisition in Himba and English, in: *Progress in Colour Studies*, Volume II, John Benjamins Publishing Company, Amsterdam, 2006, p. 159 ff.

2 Valenta, K. et al.: The evolution of fruit colour: phylogeny, abiotic factors and the role of mutualists, in: *Scientific Reports*, 8, article number: 1430 (2018), https://www.nature.com/articles/s41598-018-32604-x

3 https://www.sciencealert.com/humans-didn-t-see-the-colour-blueuntil-modern-times-evidence-science

4 https://www.thelancet.com/journals/lancet/article/PIIS0140-6736(12)60272-4/fulltext

5 https://www.thelancet.com/journals/lancet/article/PIIS0140-6736(12)60272-4/fulltext

6 Fademrecht, L. et. al.: Action recognition is viewpoint-dependent in the visual periphery, in: *Elsevier*, http://dx.doi.org/10.1016/j.visres.2017.01.011

7 例如：https://leswauz.com/2018/06/13/das-faszinierende-hundegehoer-wie-gut-hoert-ein-hund-wirklich/

8 https://www.augsburger-allgemeine.de/wissenschaft/Das-mit-dem-Ohren-wackeln-id5997781.html

9 Gruters, K. et al.: The eardrums move when the eyes move: A multisensory effect on the mechanics of hearing, in: *Proceedings of the National Academy of Sciences,* Feb 2018, 115 (6) E1309-E1318; DOI: 10.1073/pnas.1717948115

10 Stricker, Martina: *Mantrailing.* Franckh Kosmos Verlag, 2017, p. 32

11 Froböse, Rolf: *Wenn Frösche vom Himmel fallen.* Wiley-VCH Verlag, Weinheim, 2009

12 Laska, Matthias: *Human and Animal Olfactory Capabilities Compared,* 201, DOI 10.1007/978-3-319-26932-0_32

13 https://www.augsburger-allgemeine.de/themenwelten/leben-freizeit/Partnersuche-Wie-die-Nase-die-Liebe-bestimmt-id6119146.html

14 https://www.br.de/radio/bayern2/sendungen/iq-wissenschaft-undforschung/mensch/riechstoerungen-diagnose-therapie100.html

15 Steiner-Welz, S.: *Die wichtigsten Körperfunktionen der Menschen*. Vermittler Verlag, Mannheim, 2005, p. 249

16 https://www.tagesspiegel.de/wissen/biologie-auf-den-geschmackgekommen/1503218.html

17 Gerspach, A. C. et al.: The role of the gut sweet taste receptor in egulating GLP-1, PYY, and CCK release in humans, in: *American Journal of Physiology*, 01.08.2011, doi.org/10.1152/ajpendo.00077.2011

18 *Gut für Gaumen und Verdauung: Forscher entschlüsseln Geheimnis der Gewürze*，慕尼黑大學（Ludwig-Maximilians-Universität München）2007年6月8日的新聞稿

19 Grunwald, M. et al.: Human haptic perception is interrupted by explorative stops of milliseconds, in: *Frontiers in Psychology*, 09.04.2014, https://doi.org/10.3389/fpsyg.2014.00292

20 https://www.spektrum.de/news/ohne-tastsinn-gibt-es-kein-leben/1302125

21 https://www.spektrum.de/news/ohne-tastsinn-gibt-es-kein-leben/1302125

22 Grunwald, M. et. al.: EEG changes caused by spontaneous facial self-touch may represent

emotion regulating processes and working memory maintenance, in: *Elsevier*, Nr. 1557, p. 111–126, 04.04.2014
23 https://rp-online.de/panorama/wissen/der-sechste-sinn-der-tiere_iid-9317101#4
24 Everding, G.: *Brain region learns to anticipate risk, provides early warnings, suggests new study in Science*，聖路易斯華盛頓大學（Washington University in St. Louis）二〇〇五年二月十七日的新聞稿
25 Vance, Erik: Der Weiße Hai: Gefahr oder gefährdet?, in: *National Geographic*, Heft 7, 2016, p. 96–119
26 https://www.nabu.de/tiere-und-pflanzen/voegel/vogelkunde/gut-zuwissen/12017.html
27 K. Yokawa, T. Kagenishi, A. Pavlovi , S. Gall, M. Weiland, S. Mancuso, F. Baluška: Anaesthetics stop diverse plant organ movements, affect endocytic vesicle recycling and ROS homeostasis, and block action potentials in Venus flytraps, in: *Annals of Botany*, mcx155, https://doi.org/10.1093/aob/mcx155
28 https://www.wissenschaft.de/umwelt-natur/warum-gibt-es-keineriesenin sekten/
29 Richter, D. et al.: The age of the hominin fossils from Jebel Irhoud, Morocco, and the

origins of the Middle Stone Age, in: *Nature*, Nr. 546, p. 293–296, 08.06.2017

30 http://sicb.org/meetings/2016/schedule/abstractdetails.php?id=349

31 Peter B. Beaumont: The Edge: More on Fire-Making by about 1.7 Million Years Ago at Wonderwerk Cave in South Africa, in: *Current Anthropology*, 52, Nr. 4 (August 2011), p. 585–595

32 Hubbard, Troy D. et al.: *Molecular Biology and Evolution*, Volume 33, Issue 10, October 1, 2016, p. 2648–2658

33 Morley, Erica and Robert, Daniel: Electric Fields Elicit Ballooning in Spiders, in: *Current Biology*, 28, 2324–2330, 23. July 2018

34 https://www.wissenschaft.de/umwelt-natur/spannung-liegt-inder-luft/

35 Clarke, Dominic et al.: Detection and Learning of Floral Electric Fields by Bumblebees, in: *Science*, Nr. 340, p. 66 – 69, 5. April 2013, DOI: 10.1126/science.1230883

36 Greggers, U. et al.: Reception and learning of electric fields in bees, in: *Proc Biol Sci*, 2013 March 27, 280(1759):20130528, doi: 10.1098/rspb.2013.0528

37 Nakajima, Kenichi et al.: KCNJ15/Kir4.2 couples with polyamines to sense weak

extracellular electric fields in galvanotaxis, in: *Nature Communications*, Volume 6, Article number: 8532 (2015), https://doi.org/10.1038/ncomms9532

38 http://www.bfs.de/DE/themen/emf/mobilfunk/schutz/vorsorge/empfehlungen-handy.html

39 Schopfer, P. and Brennicke, A.: *Pflanzenphysiologie*, 7. edition, Springer-Verlag, Berlin, Heidelberg, 2016, p. 585

40 Chehab, E.W. et al.: Arabidopsis Touch-Induced Morphogenesis is Jasmonate Mediated and Protects against Pests, in: *Current Biology*, Volume 22, Issue 8, April 24, 2012, p. 701–706

41 Aigner, F.: *How do trees go to sleep?*，維也納工業大學（Technische Universität Wien）二〇一六年五月十七日的新聞稿

42 Coghlan, A.: Trees may have a ›heartbeat‹ that is so slow we never noticed it, in: *New Scientist*, 20. April 2018, https://www.newscientist.com/article/2167003-trees-may-have-a-heartbeat-that-is-so-slowwe-never-noticed-it/

43 Rodrigo-Moreno, A. et al.: Root phonotropism: Early signaling events following sound perception in Arabidopsis roots, in: *Plant Science*, 264, 10.1016/j.plantsci.2017.08.001,

2017

44 Gagliano, M. et al.: Tuned in: plant roots use sound to locate water, in: *Oecologia*, 2017 May, 184(1):151–160. doi: 10.1007/s00442-017-3862-z. Epub 2017 Apr 5.

45 https://www.planet-wissen.de/natur/pflanzen/sinne_der_pflanzen/pwiewissensfrage528.html

46 Meissen, R.: Hearing danger: predator vibrations trigger plant chemical defenses, in: Decoding Science（密蘇里大學〔University of Missouri〕聯合生命科學中心〔Bond Life Sciences Center〕的科學部落格）, 01.07.2014, https://decodingscience.missouri.edu/2014/07/01/hearing-dangerappel-cocroft/

47 Hendrix, P. et al.: Pandora’ s Box Contained Bait: The Global Problem of Introduced Earthworms, in: *Annual Review of Ecology, Evolution, and Systematics*, 39, 2008, p. 593–613

48 Naudts, Kim et al: Europe’ s forest management did not mitigate climate warming, in: *Science*, 5 February 2016, Volume 351, Issue 6273, p. 597

49 https://neobiota.bfn.de/grundlagen/anzahl-gebietsfremder-arten.html

50 https://www.wolf-sachsen.de/de/wolfsmanagement-in-sn/monitoringund-forschung/streckenentwicklung

51 http://www.deutsches-jagd-lexikon.de/index.php?title=Jagdstatistik_Deutschland#Rehwild

52 https://www.jagdverband.de/jagdstatistik

53 Dohle, U.: Besser: Wie mästet Deutschland?, in: *Ökojagd*, February 2009, p. 14–15

54 https://www.jagdverband.de/jagdstatistik

55 http://www.ilmaggiodiaccettura.it

56 Schneider, A.: *Zypern*, DuMont-Reiseführer, 2016, p. 155

57 https://www.explore-inverness.com/what-to-do/outdoors/munlochy-clootie-well/

58 https://www.optik-akademie.com/deu/info-portal/augenoptik/das-auge/die-hornhaut.html

59 http://www.baer-linguistik.de/beitraege/jdw/treue.htm

60 Monbiot, George: Forget »the environment«: we need new words to convey life' s

wonders, in: *The Guardian*, 09.08.2017, https://www.theguardian.com/commentisfree/2017/aug/09/forget-theenvironment-new-words-lifes-wonders-language

61 Neubauer, Katrin: Warum Waldspaziergänge so gesund sind, in: *Spiegel Online*, 10.02.2014, http://www.spiegel.de/gesundheit/psychologie/waldspaziergaenge-warum-sie-fuer-koerper-und-geistgesund-sind-a-952492.html

62 v. Haller, A.: *Lebenswichtig aber unerkannt*. Verlag Boden und Gesundheit, Langenburg 1980

63 Richter, Christoph: Phytonzidforschung – ein Beitrag zur Ressourcenfrage, in: *Hercynia N. F.*, Leipzig 24 (1987) 1, p. 95–106

64 J. Fröhlich et al.: High diversity of fungi in air particulate matter, in: *PNAS*, 13. July 2009, DOI: 10.1073/pnas.0811003106

65 Li Q et al.: Visiting a forest, but not a city, increases human natural killer activity and expression of anti-cancer proteins, in: *International Journal of Immunopathology and Pharmacology*, doi.org/10.1177/039463200802100113

66 Lee, Jee-Yon and Lee, Duk-Chul: Cardiac and pulmonary benefits of forest walking

versus city walking in elderly women: A randomised, controlled, open-label trial, in: *European Journal of Integrative Medicine*, 6 (2014), p. 5–11

67 Kardan, O. et al.: Neighborhood greenspace and health in a large urban center, in: *Scientific Reports*, Volume 5, Article number: 11610 (2015), https://doi.org/10.1038/srep11610

68 Dr. Qing Li: *Shinrin-Yoku*, Penguin Random House UK, 2018

69 https://ihrs.ibe.med.uni-muenchen.de/klimatologie/waldtherapie/index.html

70 Huffman, M.: Animal self-medication and ethno-medicine: exploration and exploitation of the medical properties of plants, in: *Proceedings of the Nutrition Society*, Nr. 62/2003, p. 317–376

71 http://www.spiegel.de/wirtschaft/service/giftpflanze-im-rucolagestruepp-des-grauens-a-643634.html

72 López-Rull, I. et al.: Incorporation of cigarette butts into nests reduces nest ectoparasite load in urban birds: new ingredients for an old recipe?, in: *The Royal Society Publishing*, 23.02.2013, https://doi.org/10.1098/rsbl.2012.0931

73 https://baumzeitung.de/fileadmin/user_upload/Rinn_Restwand.pdf

74 https://www.tagesanzeiger.ch/leben/gesellschaft/ist-der-baumderbessere-mensch/story/29727825

75 Umweltbundesamt: Umweltbewusstsein in Deutschland 2016（一項代表性民意調查的結果）, April 2016

76 https://www.umweltbundesamt.de/themen/verkehr-laerm/laermwirkung/stressreaktionen-herz-kreislauf-erkrankungen#textpart-4

77 Landrigan, Philip J. et al.: The Lancet Commission on pollution and health, in: *The Lancet*, Vol. 391, No. 10119, October 19, 2017

78 https://www.umweltbundesamt.de/themen/wirtschaft-konsum/industriebranchen/feuerungsanlagen/kleine-mittlerefeuerungsanlagen#textpart-1

79 Staatsbetrieb Sachsenforst (ed.), *Der sächsische Wald ... im Dienst der Allgemeinheit*, Pirna, October 2003, p. 33

80 Wilkinson, T.: *Aufstieg und Fall des Alten Ägypten*. Pantheon, July 2018, p. 96

81 https://www.bussgeldkatalog.org/umwelt-baum-faellen/

82 Naudts, Kim et al: Europe’s forest management did not mitigate climate warming, in: *Science*, 5. February 2016, Volume 351, Issue 6273, p. 597

83 https://de.statista.com/statistik/daten/studie/179260/umfrage/die-zehn-groessten-c02-emittenten-weltweit/

84 艾佛瑞德・維根納研究所（Alfred Wegener Institut）的Markus Rex談北極冰融，巴伐利亞第二電台（Bayern 2）二〇一八年十月二十六日的〈廣播世界〉（*Die radio Welt*）節目

85 北極的氣候變遷（Klimawandel in der Arktis），Ingmar Nitze與Arndt Reuning的對談，德國電台（Deutschlandfunk）二〇一八年七月十八日的節目

86 https://plattform-wald-klima.de/2019/02/20/fake-news-oderklimaloesung-drax-will-englische-biertrinker-zu-klimaschuetzernmachen/

專有名詞對照表（按照中文字首筆劃排列）

大冷杉｜Küstentanne（*Abies grandis*）
大葉車前｜Breitwegerich（*Plantago major*）
小蝙蝠類｜Fledermäuse（*Microchiroptera*）
山楊｜Zitterpappel（*Populus tremula*）
山貓｜Luchse（*Lynx lynx*）
加州紅杉｜Riesenmammutbäume（*Sequoiadendron giganteum*）
北噪鴉｜Unglückshäher（*Perisoreus infaustus*）
甲蟎｜Hornmilben（*Oribatida*）
白尾海鵰｜Seeadler（*Haliaeetus albicilla*）
白柳｜Silberweide（*Salix alba*）
白膜盤菌｜Weißes Stängelbecherchen（*Hymenoscyphus albidus*）
白蠟海小蠹｜Bunte Eschenbastkäfer（*Hylesinus fraxini*）
多毛蟲｜Borstenwürmer（*Polychaete*）
多包條蟲｜Fuchsbandwurm（*Echinococcus multilocularis*）
朱砂蛾｜Blutbär（*Tyria jacobaeae*）
灰鶴｜Kranich（*Grus grus*）
西伯利亞花栗鼠｜Sibirische Streifenhörnchen（*Tamias sibiricus*）

西洋夏雪草｜Mädesüß（*Filipendula ulmaria*）

冷杉｜Tanne（*Abies*）

貝殼杉｜Kauribäume（*Agathis*）

車前屬｜Wegerich（*Plantago*）

狍鹿｜Reh（*Capreolus capreolus*）

花旗松｜Douglasie（*Pseudotsuga menziesii*）

長葉車前｜Spitzwegerich（*Plantago lanceolata*）

阿拉伯芥｜Ackerschmalwand（*Arabidopsis thaliana*）

紅交嘴雀｜Fichtenkreuzschnabel（*Loxia curvirostra*）

紅林蟻｜Rote Waldameise（*Formica rufa*）

紅雪松｜Rotzedern（*Thuja plicata*）

美洲赤鹿｜Wapiti-Hirsch（*Cervus canadensis*）

美國白楊｜Balsam-Pappel（*Populus balsamifera*）

家麻雀｜Hausspatz（*Passer domesticus*）

捕蠅草｜Venusfliegenfalle（*Dionaea muscipula*）

狼地衣｜Wolfsflechte（*Letharia vulpina*）

粉蝶蘭｜Waldhyazinthe（*Platanthera*）

渡鴉｜Kolkrabe（*Corvus corax*）

越橘｜Preiselbeere（*Vaccinium vitis-idaea*）

雲杉｜Fichte（*Picea abies*）

雲杉八齒小蠹｜Buchdrucker（*Ips typographus*）

黃花柳｜Salweide（*Salix caprea*）

黑啄木鳥｜Schwarzspechts（*Dryocopus martius*）

矮柳｜Zwergweide（Salix herbacea）

矮樺｜Zwergbirke（*Betula nana*）

落葉松｜Lärche（*Larix decidua*）

熊蜂｜Hummel（*Bombus*）

彈尾蟲｜Springschwänze（*Collembola*）

歐洲千金榆｜Hainbuche（*Carpinus betulus*）

歐洲山毛櫸｜Buche（*Fagus sylvatica*）

歐洲白蠟樹｜Esche（*Fraxinus excelsior*）

歐洲野牛｜Wisent（*Bison bonasus*）

豬草｜Ambrosia（*Ambrosia artemisiifolia*）

樹皮甲蟲｜Borkenkäfer（*Scolytinae*）

澤菊｜Jakobskreuzkraut（*Senecio jacobaea*）

戴菊鳥｜Wintergoldhähnchen（*Regulus regulus*）

擬白膜盤菌｜Falsches Weißes Stängelbecherchen（*Hymenoscyphus fraxineus*）

國家圖書館出版品預行編目（CIP）資料

與自然共生的證據 : 跟著渥雷本,找回人、動物與植物間亙古不變的連結與需求/彼得.渥雷本(Peter Wohlleben)著 ; 王榮輝譯. -- 二版. -- 新北市 : 日出出版 : 大雁出版基地發行, 2024.08
336面 ;14.8*20.9公分
譯自 : Das geheime Band zwischen Mensch und Natur : Erstaunliche Erkenntnisse über die 7 Sinne des Menschen, den Herzschlag der Bäume und die Frage, ob Pflanzen ein Bewusstsein haben.ISBN 978-626-7460-87-0(平裝)

1.CST: 自然環境 2.CST: 環境心理學

172.83 113011008

與自然共生的證據
跟著渥雷本，找回人、動物與植物間亙古不變的連結與需求

原書名：人類與自然的祕密連結：發掘與自然共生的證據，找回人、動物與植物被遺忘的聯繫與需求

作　　者　彼得・渥雷本（Peter Wohlleben）
譯　　者　王榮輝
責任編輯　李明瑾
協力編輯　賴芊曄
封面設計　Dinner Illustration
發 行 人　蘇拾平
總 編 輯　蘇拾平
副總編輯　王辰元
資深主編　夏于翔
主　　編　李明瑾
行　　銷　廖倚萱
業　　務　王綬晨、邱紹溢、劉文雅
出　　版　日出出版
發　　行　大雁出版基地
新北市新店區北新路三段207-3號5樓
電話：(02)8913-1005　傳真：(02)8913-1056
劃撥帳號：19983379 戶名：大雁文化事業股份有限公司
二版一刷　2024年8月
定　　價　520元

I S B N　978-626-7460-87-0